Horst Domke · Lehrer und abweichendes Schülerverhalten

D1719351

Horst Domke

Lehrer und abweichendes Schülerverhalten

Zum sogenannten Disziplinproblem
in der Schule

VERLAG LUDWIG AUER DONAUWÖRTH

© by Verlag Ludwig Auer, Donauwörth. 1973
Alle Rechte vorbehalten
Gesamtherstellung: Druckerei Ludwig Auer, Donauwörth
ISBN 3-403-00398-1

INHALTSVERZEICHNIS

VORWORT

Die spärliche Beachtung, die man dem hier aufgeworfenen Thema in der gegenwärtigen schulpädagogischen Literatur und im Rahmen des Programms der Lehrerausbildung schenkt, steht in einem merkwürdigen Mißverhältnis zu seiner beträchtlichen Bedeutung, die ihm Schulpraktiker täglich beizumessen gezwungen sind. An zukünftige sowie bereits praktizierende Lehrer wendet sich deshalb dieser Beitrag in erster Linie. In ihm wird das Problem des abweichenden Schülerverhaltens erörtert, soweit es unter den herkömmlichen und inzwischen gewiß fragwürdig gewordenen Begriff „Disziplinlosigkeit" oder „Disziplinschwierigkeit" fällt. Psychopathische Fälle sowie Erscheinungen des neuerdings politisch orientierten Schülerprotests bleiben ausgeklammert, sie bedürften einer gesonderten Darstellung.

Der vorliegende Text ist die sprachlich nur geringfügig überarbeitete Fassung einer achtteiligen Sendefolge des Bayerischen Rundfunks im „Abendstudio für Lehrer und Erzieher". Der Titel wurde leicht verändert, die Gliederung wurde beibehalten. Dem Verlag sei an dieser Stelle für die Drucklegung gedankt.

Horst Domke

I. Sehen wir das Problem richtig?

Tagtäglich wird Lehrern wie Schülern die Schuldisziplin zum Problem. Lehrer sollen sie herstellen, Schüler sollen sie einhalten; sie sind die Betroffenen. Die Eltern schulpflichtiger Kinder, selbst mit ähnlichen Problemen belastet, nehmen an den Disziplinschwierigkeiten in den Schulklassen besorgt Anteil. Auch unbeteiligten Erwachsenen ist dieses Problem noch gegenwärtig, denn ihre Schulzeiterinnerungen werden in der Regel beherrscht von Episoden, in denen der Lehrer-Schüler-Konflikt im Mittelpunkt steht. Selbst in dichterischen Darstellungen von Schule und Unterricht werden vorzugsweise Konfliktstoffe thematisiert (vgl. z. B. K. E. Maier, Hrsg., 1972; Unterbrochene Schulstunde, 1972).

Demgegenüber muß überraschen, wie wenig wissenschaftliche Pädagogik und Lehrerbildung sich dieses Problems annehmen. Hält man es aus der Distanz zur Realität für harmlos oder versucht man, die unangenehme Realität selbst zu verdrängen? Hat sich eine Erfolgsideologie breitgemacht, in die der pädagogische Mißerfolg nicht hineinpaßt? Die schulpädagogische Literatur des 19. Jahrhunderts zeugt davon, daß dies nicht immer so war; sie enthielt noch zahlreiche Darstellungen und Anweisungen zum Disziplinproblem, natürlich basierend auf den Einstellungen und dem Wissensstand dieser Zeit. Man wird zugeben müssen, daß die gegenwärtige Vernachlässigung dieses Problems durch Pädagogik und Lehrerbildung zumindest teilweise verantwortlich ist für die weitgehend improvisierte und unreflektierte Handhabung von Disziplinierungspraktiken in der Schulwirklichkeit.

Als unmittelbar Betroffene, als Lehrer und Schüler sehen wir das Problem. Aber sehen wir es auch richtig? In einer Untersuchung schulischen Unterrichts wurde vor einigen Jahren festgestellt, daß Lehrer durchschnittlich alle zweieinhalb Minuten auf irgendeine Art und Weise gestört werden (A. Tausch, 1958). Viele Schulpraktiker werden darin eine Bestätigung ihrer eigenen Erfahrungen finden, für manche Nicht-Lehrer mag dieses Ausmaß vielleicht auch eine Überraschung sein. Aber rein quantitative Fehleinschätzungen dieses Problems lassen sich wahrscheinlich noch am ehesten korrigieren.

Unterschiedlicher und schwieriger ist die qualitative Beurteilung des Disziplinproblems — und das gilt für jede Art von Konflikt. Alltägliche Beobachtungen zeigen folgendes: Aus Schülersicht, aber auch aus der Sicht erwachsener und älterer Menschen, wenn diese sich an ihre Schülerzeit zurückerinnern, herrscht zumeist stillschweigende Übereinkunft über das positive Rollenbild des sogenannten Disziplinstörers; das Rollenbild des Lehrers hingegen wird gewöhnlich zur Negativgestalt zurechtstilisiert. Kritik am Lehrer, Witz, Komik und Auflehnung finden ihre Rechtfertigung. Noch nach Jahrzehnten hat er, der Schüler, die Lacher auf seiner Seite. Boshafte Schülerstreiche werden entweder nicht in ihrer wahren Boshaftigkeit geschildert, oder erhalten aus der zeitlichen Distanz den Anstrich eines Kavaliersdelikts. Irgendwie haben es die Lehrer immer verdient.

Andererseits kommt es verständlicherweise auch auf seiten der Lehrer zu sehr einseitigen Rollenbildern, natürlich mit umgekehrten Vorzeichen. Resignierende wie triumphierende Lehrer versichern, daß sie das Beste wollen, sich größte Mühe geben, und sie schreiben die Schuld am Konflikt jenen zu, die ihn allem Augenschein nach auch auslösen.

Man wird also nicht behaupten können, daß eine der beiden betroffenen Seiten das Problem distanziert und sachlich beurteilt. Was bei derartigen Beobachtungen an extremen Einstellungen und Bewertungen zutage tritt, mag man zunächst als typisch menschliche Subjektivität interpretieren. Denn wer in sozialen Konflikten in der Rolle des Beteiligten steht, kann emotional zutiefst betroffen und erschüttert sein, was ihm den Blick für objektive Bewertungen der Lage versperrt und ihn im Rechtfertigungsdenken fixiert. Was nun die Rolle des Lehrers und jeder erzieherischen Autorität betrifft, so ist jedoch zu fragen, ob sich in ihr nicht häufig auch Vorstellungen von Disziplin erhalten haben, die es gegenwärtig zu korrigieren gilt.

Was ist Disziplin eigentlich? Ist Disziplin im herkömmlichen Verständnis für Erziehung und Unterricht noch wünschenswert? Was sind Disziplinlosigkeiten? Auf diese Fragen muß näher eingegangen werden.

Zunächst: Was ist Disziplin? Als erstes können wir festhalten: Disziplin liegt vor, wenn soziale Normen oder Ordnungen genau befolgt werden. So entspricht z. B. einer Straßenverkehrsordnung die Verkehrsdisziplin, den Satzungen von Vereinen und politischen Parteien die Vereins- bzw. Parteidisziplin, den Vorschriften in einem Heer die militärische Disziplin, den geschriebenen und ungeschriebenen Regeln am Arbeitsplatz die Betriebsdisziplin und den Normen des schulischen Lebens die Schuldisziplin.

Da die Notwendigkeit sozialer Ordnungen für das menschliche Zusammenleben nicht bestritten werden kann, ist deren Befolgung nur recht und billig. Disziplin erweist sich als eine wichtige Voraussetzung für die Meisterung von Problemen, die das menschliche Zusammenleben stellt und die nicht von einem Individuum allein gelöst werden können.

Disziplin ist also Mittel zu einem bestimmten Zweck: Militärische Disziplin z. B. dient der Abschreckung oder dem Siege über einen potentiellen Feind, Parteidisziplin der Durchsetzung politischer Absichten, Betriebsdisziplin der Produktionssteigerung, Schuldisziplin der Ermöglichung effektiven Lernens im Unterricht usw. Diesen Mittelcharakter der Disziplin gilt es festzuhalten.

Nun kommt jedoch folgendes hinzu: Wer strikte Disziplin verlangt und durchsetzt, läßt sich gewöhnlich in keine Diskussion über die Qualität des Zweckes und über die Tauglichkeit der Mittel ein. Wer innerhalb eines strengen Ordnungssystems die kritische Frage stellt, ob denn der Zweck, dem die Disziplin als Mittel dient, auch ein guter Zweck ist und warum dieser Zweck gut ist, stellt eine sehr unvorhergesehene Frage, die man als ungebührlich, frech, fehl am Platze, als undiszipliniert bezeichnen würde. Außerdem wäre es auch nicht gestattet, bei einem guten Zweck die Tauglichkeit des traditionellen Mittels anzuzweifeln und aufgrund besserer Einsicht ein anderes Verhalten als das vorgeschriebene zu wählen. Denn nicht das erfolgreiche Erreichen eines Zweckes, nicht die erfolgreiche Lösung von Aufgaben zeichnet den Disziplinierten aus, sondern diszipliniert ist derjenige, der Ziele auf dem vorgeschriebenen Wege erreicht, der nicht aus der Reihe tanzt, der die von außen vorgeschriebenen Verhaltensregeln befolgt. Wer nach persönlichem Ermessen, aufgrund besserer Einsicht handelt, fällt aus der Rolle und verhält sich undiszipliniert.

Diese Unterdrückung der Rationalität wird bereits deutlich, wenn es um die Einführung von Verhaltensregeln geht. Von Verfechtern strenger Disziplin werden Verhaltensregeln kaum durch einsichtige Argumente vermittelt, sondern gewöhnlich ohne Begründungen vorgeschrieben, eingeschult, eingedrillt. Max Weber spricht von „rationaler Disziplin" und er meint mit „rational" nicht das Einsichtigmachen von Vorschriften, sondern den rational geplanten Einsatz von Macht: Rationale Disziplin ist die „planvoll eingeschulte, präzise, alle eigene Kritik bedingungslos zurückstellende Ausführung des empfangenen Befehls" (M. Weber, 1968, S. 5).

Damit sei keineswegs behauptet, daß derjenige, der Disziplin wahrt, prinzipiell in blinder, uneinsichtiger Unterordnung Regeln und Vorschriften befolgt. Was gesagt werden sollte ist nur, daß von seiten derjenigen, die strenge Disziplin verlangen und gutheißen, zu wenig oder gar nicht für Einsicht in die Notwendigkeit disziplinierten Verhaltens gesorgt wird. Damit aber entstehen nicht nur Bedingungen für relativ harmlose und zuweilen kuriose Mißverständnisse, sondern es kommt vor allem zur Heranbildung von Persönlichkeiten, die als gefügige Instrumente und Opfer für Willkür und Machtmißbrauch hervorragend geeignet sind. Alltag und Geschichte liefern dafür reiches Anschauungsmaterial.

Es mag verständlich sein, wenn Disziplin aus der Sicht

von Polizisten, Offizieren, Abteilungsleitern, Parteifunktionären, Lehrern usw. eine einseitig positive Bewertung erhält, denn sie sind es ja, die für die Einhaltung bestehender Regeln verantwortlich gemacht werden. Ihr Berufserfolg und ihre Selbstbestätigung hängen weitgehend von der funktionierenden Disziplin in ihrem Zuständigkeitsbereich ab. Als Tugend an sich darf man Disziplin jedoch nicht begreifen.

Betrachten wir kurz Sinn und Grenzen der Schuldisziplin. Wie überall sonst ist auch die Unterrichtsdisziplin Mittel zum Zweck. Es sollen durch sie geordnete Verhältnisse für das Zusammenleben und Zusammenarbeiten in der Schule geschaffen werden (J. F. Herbart, 1965 S. 44). Ordnung im Schulleben ist wichtig und nicht nur eine Äußerlichkeit oder ein Ideal autoritärer Erziehung. Erst auf dem Boden einer gewissen Ordnung gedeihen Unterricht und Erziehung. Aus der Unverzichtbarkeit auf eine solche Ordnung leitet sich schließlich auch das Recht des Lehrers ab, diese gegebenenfalls mit den Mitteln des Zwanges durchzusetzen, wenn andere Mittel versagt haben.

Die Möglichkeiten der Disziplinierung im Unterricht durch Machtmittel sind jedoch eng begrenzt und auch gefährlich; begrenzt deshalb, weil durch sie keineswegs die „Einsicht in das Gute" und eine entsprechend sittliche Haltung gefördert werden (F. Kümmel, 1968), sondern lediglich Anpassung und äußere Ordnung, die häufig nur für die Dauer des Zwanges gesichert bleiben. Gefährlich ist die Möglichkeit von Machtanwendung durch den Lehrer, weil dieser Möglichkeit nicht auch eine wirksame Machtkontrolle gegenübersteht, die den Machtmißbrauch verhindern könnte. Die momentane Wirksamkeit rigoroser Maßnahmen kann den Lehrer dazu verleiten, sich kurzschlüssig ganz auf autoritäre Praktiken zu verlegen. Er kann dem Irrtum verfallen, sichtbarer Gehorsam sei schon ein erzieherischer Erfolg. Damit aber kann sich auch die Gefahr verbinden, daß das Recht auf Gewaltanwendung als Tarnung für aggressives Verhalten benützt wird. Nur anzudeuten sind an dieser Stelle die Fol-

gen auf seiten des Schülers: Schonungslose Zwangsmaß-
nahmen können beim Betroffenen entweder zu erhöhter
Aufsässigkeit und Aggressivität oder auch zu gefügiger
Unterordnung und Unselbständigkeit führen.

Damit tritt ein gravierender Unterschied zutage zwischen
dem Bereich des Erzieherischen und anderen Lebensbereichen, in denen Disziplin verlangt wird. Während man
es sich offenbar erlauben kann, bei der Durchsetzung von
militärischer Disziplin, Verkehrsdisziplin, Parteidisziplin,
Betriebsdisziplin usw. die Bedürfnisse einzelner Individuen zu ignorieren, ohne damit das Erreichen des gesetzten Zieles zu gefährden, trifft dies auf erzieherischem
Gebiet nicht zu. Wenn hier der Zweck die Mittel heiligt,
wird letztlich der Zweck selbst verfehlt. Zweck und Ziel
erzieherischen Handelns lassen sich nämlich von der Person des zu Erziehenden nicht ablösen, sie liegen in ihm
selbst. Der Lehrer kommt um die Individualität des Schülers nicht herum, besonders dann nicht, wenn dieser sich
disziplinlos gebärdet. Der unbequeme und störende Schüler ist innerhalb des sozialen Systems der Schulklasse kein
austauschbares Glied; auf ihn kann nicht wie auf das Mit-
glied eines Betriebs, einer Partei, eines Vereins verzichtet werden, weil er selbst es ist, in dem sich unsere Erziehungsarbeit erfolgreich niederschlagen soll. Disziplin
ist Mittel zum Zweck, auch in der Schule. Aber Schuldisziplin kann eben nicht mit denselben Mitteln und nicht
mit derselben Unnachsichtigkeit wie die Disziplin in anderen Lebensbereichen durchgesetzt werden. Denn Unruhe
und Störverhalten haben ihre individuellen Gründe, die
es zu erkennen und auf die es mit psychologischem Verständnis einzugehen gilt; sie haben zuweilen sogar ihre
Berechtigung und können eine das Lehrerverhalten korrigierende Funktion erfüllen.

Der ideologisch vorbelastete Disziplinbegriff jedoch enthält solche Gedanken nicht. Wer Disziplin verlangt und
rigoros durchsetzt, klammert individuelle Probleme aus,
verurteilt nonkonformes Verhalten generell als Untugend
und erhebt totale Anpassung und Unterordnung zur Tugend. Es hat Zeiten gegeben, in denen dieser Diszplin-

begriff bedenkenlos auf den Bereich von Schule und Unterricht übertragen wurde, in denen sich Pädagogen noch unverblümt zu diesem Verständnis von Disziplin bekennen konnten. So schrieb beispielsweise J. Böhm in seiner „Lehre von der Schuldisziplin" gegen Ende des 19. Jahrhunderts: „Ruhe und Stille ist des Schülers (wie des Bürgers) erste Pflicht . . . Das ganze Schulleben ist Gewöhnung an Gehorsam" (J. Böhm, 1877, S. 29). Die Schule war ganz gewiß einmal ein Abbild dieser Kasernendisziplin, in der der vordergründige Zweck vom reibungslos funktionierenden Unterrichtsablauf einseitig im Mittelpunkt stand. Heute jedoch gilt es, schulisches Störverhalten ernster zu nehmen, indem man die Persönlichkeit des Abweichlers ernster nimmt. Man muß davon ausgehen, daß in einer Klasse von Schülern nicht alle dieselben Voraussetzungen mitbringen, auch nicht und vor allem nicht für diszipliniertes Verhalten. Die pädagogischen Grundsätze der Individualisierung und Förderung bedürfen auf diesem Sektor der besonderen Beachtung, auch wenn dies auf Kosten der Bewältigung des stofflichen Zeitplans zu gehen droht. Außerdem ist zu sehen, daß diszipliniertes Verhalten nicht immer wünschenswert ist, sondern auch zur unkritischen Übernahme sinnloser, ja sogar unmenschlicher Anordnungen disponieren kann.

Nach diesen grundsätzlichen Anmerkungen zum Disziplinbegriff wenden wir uns dem eigentlichen Thema zu, dem Gegenbegriff „Disziplinlosigkeit". Dem traditionellen Begriffsverständnis zufolge dient auch dieses Wort der moralischen Bewertung von Handlungsweisen, über deren Qualität zunächst keinerlei Zweifel zu bestehen scheinen; aus kritischer Distanz betrachtet erweist sich dieser Begriff allerdings als ebenso ambivalent wie der Begriff „Disziplin". Disziplinlosigkeit kann nicht generell negativ bewertet und als Untugend begriffen werden.
Aufgrund der vorgetragenen Bedenken gegen das herkömmliche Verständnis des Disziplinbegriffs stellt sich die Frage, ob es nicht sinnvoll wäre, auf die Bezeichnung

„disziplinloses Verhalten" ganz zu verzichten und sie durch den Terminus „abweichendes Verhalten" zu ersetzen. In den Sozialwissenschaften setzt sich letzterer bereits weitgehend durch, und zwar nicht als moralisch wertender, sondern als rein deskriptiver Begriff, der auch für den folgenden Versuch einer sozialpsychologischen Analyse besser geeignet ist. Andererseits ist aber auch zu berücksichtigen, daß gerade den Erziehungspraktikern das zu behandelnde Problem sprachlich als Disziplinproblem geläufig ist. Es erscheint deshalb angebracht, beide Begriffe zu verwenden und wechselweise von abweichendem und disziplinlosem Verhalten zu sprechen. Der Gefahr des möglichen Mißverständnisses, daß der Herstellung traditioneller Disziplin das Wort geredet werden könnte, wurde jedenfalls vorzubeugen versucht, nicht zuletzt auch dadurch, daß bereits im Untertitel dieser Schrift vom „sogenannten" Disziplinproblem gesprochen wurde.

Was ist disziplinloses bzw. abweichendes Schülerverhalten? Disziplinloses Verhalten in der Schule ist gegeben, wenn ein Schüler bestimmte Rollenerwartungen nicht erfüllt, genauer: wenn er die Schulordnung übertritt, konkrete Anweisungen des Lehrers nicht befolgt, dessen Autorität angreift oder Verhaltensnormen verletzt, die das Zusammenleben und Zusammenarbeiten unter Schülern einer Klasse regeln. Diese formale Bestimmung bedeutet in letzter Konsequenz: disziplinlos ist ein Schülerverhalten dann, wenn es von irgend jemandem als disziplinlos empfunden wird. Hier gilt, was Dreitzel generell über das abweichende Verhalten schreibt: „In der differenzierten Normen- und Wertstruktur moderner Gesellschaften kann von dem einen als ‚abweichend' betrachtet werden, was dem anderen als ‚normal' gilt" (H. P. Dreitzel, 1968, S. 78). Dies weist z. B. auf das Problem hin, daß in der sozialen Unterschicht etwas als erlaubt gelten kann, was nach dem Wertmaßstab der Mittelklasse, der in der Schule bestimmend ist, als disziplinlos angesehen wird. Vor allem aber ist die historische Relativität abweichenden Verhaltens zu betonen. Auch hier gilt: Disziplinlos ist, was in einer Epoche als disziplinlos empfunden wird.

Im folgenden wird nun versucht, die Vielfalt abweichender Verhaltensweisen in der Schule in ein überschaubares Kategoriensystem zu stellen (vgl. Abb. 1). Dieses System soll einem praktischen Zweck dienen; es ist anzunehmen, daß sinnvolles Lehrerverhalten bei Disziplinverstößen erst dann möglich ist, wenn akute Fälle auch richtig eingeschätzt und zugeordnet werden können.

Zunächst ist es wichtig, zu unterscheiden, gegen wen sich abweichendes Verhalten richtet. Disziplinloses Verhalten in der Schule kann sich richten

1. primär gegen die Person des Lehrers,
2. gegen Mitschüler und
3. gegen keine bestimmte Person, sondern gegen eine Ordnung oder Verhaltensregel an sich.

Dies ist die erste Unterscheidungsebene, die drei Merkmale enthält. Jedes dieser drei Hauptmerkmale kann noch weiter untergliedert werden:

a) disziplinloses Verhalten kann völlig unbeabsichtigt sein,

b) es kann beabsichtigt sein in der Weise, daß sowohl der Urheber als auch der Disziplinverstoß selbst getarnt und unentdeckt bleiben sollen,

c) es kann beabsichtigt sein in der Weise, daß der Urheber zwar unentdeckt bleiben möchte, der Disziplinverstoß aber offen erkennbar werden soll, und schließlich kann

d) disziplinloses Verhalten in der Weise beabsichtigt sein, daß sowohl Urheber als auch Disziplinverstoß offen in Erscheinung treten sollen.

Diese zweite Unterscheidungsebene enthält also vier Merkmale. Insgesamt gesehen ergeben sich somit zwölf Formen abweichenden Verhaltens in der Schule. Diese Formen, deren Unterscheidung für die Diagnose und Behandlung konkreter Fälle von Bedeutung ist, gilt es im folgenden durch Beispiele zu veranschaulichen.

Abb. 1: Kategoriensystem zur Einteilung abweichenden
Schülerverhaltens

		abweichendes Verhalten		
		1. primär gegen den Lehrer gerichtet	2. primär gegen Mitschüler gerichtet	3. primär gegen die Ordnung an sich gerichtet
	a) abweichendes Verhalten unbeabsichtigt	1 a	2 a	3 a
	b) Verhalten getarnt und Urheber anonym	1 b	2 b	3 b
abweichendes Verhalten beabsichtigt	c) Verhalten offen, Urheber anonym	1 c	2 c	3 c
	d) Verhalten offen und Urheber sich offen zeigend	1 d	2 d	3 d

1a) Disziplinverstöße können sich gegen den Lehrer richten, aber als solche unbeabsichtigt sein. Es mag fraglich erscheinen, ob man solche Äußerungsformen dem disziplinlosen Verhalten überhaupt zurechnen darf; faktisch geschieht dies jedoch häufig. Gemeint ist hier unangepaßtes Verhalten des Schülers, das der Lehrer als beabsichtigt und als gegen sich gerichtet interpretiert, das in Wirklichkeit aber aus Unkenntnis, Unachtsamkeit oder Vergeßlichkeit zustande kommt. Lehrer sehen sich zuweilen ohne Grund in die Rolle des Beleidigten und Angegriffenen gedrängt, reagieren übersensibel, wo Toleranz oder ein taktvoller Hinweis angebracht wäre. Beispiel: Der Lehrer verspricht sich, Schüler lachen, weil sich für sie ein komischer Zusammenhang ergibt. Ähnliche spontane Reaktionen der Schüler auf komische Situationen sind denkbar, wenn dem Lehrer andere Fehlleistungen unterlaufen. Der Lehrer sollte sich bemühen, solche Fälle in ihrer Nichtigkeit zu erkennen.

1b) Die Disziplinlosigkeit ist gegen den Lehrer gerichtet und beabsichtigt, wobei das Verhalten nicht bekannt werden und der Akteur selbst anonym bleiben soll. Zwei Beispiele: Ein Schüler stiftet die Klasse an, sich dumm zu stellen, der neue Lehrer soll es nicht merken und von einem niedrigen Leistungsniveau ausgehen. Oder: Man entwendet dem Lehrer kleinere Dinge wie Kreide, Schreibpapier usw. Der Lehrer soll glauben, diese Dinge wären verbraucht worden oder verlorengegangen.

1c) Das Verhalten ist gegen den Lehrer gerichtet, dieser soll die Störung oder den Schaden auch deutlich zu spüren bekommen, aber der Urheber der beabsichtigten Störung will unerkannt bleiben. Hierzu gibt es viele Beispiele: Stinkbomben werfen, Wecker rasseln lassen, Klingeln, Klopfen, Brummen, dumme Zwischenrufe mit verstellter Stimme, Bespritzen des Lehrers mit Farben oder Tinte von hinten, Luft aus einem Rad seines Fahrzeugs herauslassen, Verstecken von Kreide, Schwamm, Zirkel und anderen Utensilien, Reißnägel auf den Stuhl des Lehrers legen, Niespulver streuen usw. Derartiges gehört zu den entnervendsten Störungen, die es gibt, weil man die planvoll vorgetragenen Angriffe als solche erkennt, meist aber keinen konkreten Angreifer ausfindig machen kann.

1d) Das Verhalten ist gegen den Lehrer gerichtet, dieser soll die Störung erkennen, aber es tritt auch der Urheber der Provokation aus der Anonymität heraus. Die im vorangegangenen Abschnitt genannten Beispiele können auch in diese Kategorie passen. An offenen Provokationen können noch hinzukommen: Absichtlich falsches Antworten, um den Lehrer zu reizen, freche Antworten, Beschimpfen des Lehrers, provozierendes Herumlaufen, Faxenmachen, Gehorsamsverweigerung, Handgreiflichkeiten gegen den Lehrer u. ä.

2a) Disziplinlosigkeiten können sich gegen Mitschüler richten, aber zunächst unbeabsichtigt sein: Spontanes Auslachen, wenn ein Mitschüler eine falsche oder besonders komische Antwort gibt, wenn ihm ein Mißgeschick passiert; unbeabsichtigtes Ablenken anderer vom Unterricht, physische Verletzung eines Mitschülers beim Herumtoben usw.

2b) Disziplinloses Verhalten gegen einen Mitschüler ist beabsichtigt, soll aber unentdeckt bleiben, ebenso der Urheber selbst: Kleinere Diebereien, die der Betroffene nicht merkt, Verleumdung eines Mitschülers beim Lehrer, Anlügen eines Mitschülers u. ä.

2c) Absichtlich gegen Mitschüler gerichtetes Verhalten soll spürbar werden, der Urheber aber hält sich in der Anonymität: Beschießen anderer Schüler mit Gummiring und Papiermunition, größere Diebereien, die nicht unbemerkt bleiben, heimliche Beschädigung von Schulsachen, Kleidungsstücken usw.

2d) Disziplinloses Verhalten gegen Mitschüler ist offen und der Urheber gibt sich zu erkennen: Hänseleien, Verspotten, dem Vordermann beim Hinsetzen den Stuhl wegziehen, Kitzeln, Stoßen, Zwicken, Boxen während des Unterrichts, das Verprügeln eines Schwächeren in der Pause, absichtlich falsches Vorsagen usw.

3a) Disziplinlosigkeiten, die nicht primär gegen eine bestimmte Person, sondern primär gegen Sachen oder gegen die Ordnung an sich gerichtet sind; sie können zunächst wieder unbeabsichtigt sein: Schwätzen, aus dem Fenster gucken, mit den Stühlen schaukeln und rutschen, Schnalzen und Aufspringen beim Melden, Austreten, weil man sich vor dem Unterricht und in der Pause keine Zeit dafür genommen hat, spontanes Dazwischenrufen von Antworten u. ä.

3b) Der Verstoß gegen eine Ordnung ist beabsichtigt; sowohl der Urheber als auch das Verhalten sollen dabei unentdeckt bleiben: Heimliches Essen, Malen, Heftchenlesen unter der Bank, Kreuzworträtsel lösen, Hausaufgaben machen im Unterricht, Lernen für die nächste Stunde, Verlassen des Schulbezirks während der Pause, Unterschriftenfälschung, Abschreiben und Unterschleif usw.

3c) Das disziplinlose Verhalten soll oder kann in seiner Auswirkung erkennbar werden, aber der Urheber selbst bleibt anonym: Beschädigung oder Diebstahl von schuleigenem Inventar, Bekritzeln von Wänden, Tischen und Türen, Rauchen im Klosett u. ä.

3d) Das gegen die Ordnung an sich gerichtete Verhalten ist erkennbar, und der Urheber selbst tritt offen in Erscheinung: Schuleschwänzen, Zuspätkommen, verbotener Aufenthalt im Klassenraum während der Pause, Nichtanfertigung von Hausaufgaben, Verweigerung von schriftlichen Prüfungen, Schülerdemonstrationen und -streiks, Bummeln beim Wechsel der Klassenräume u. ä., soweit diese Verhaltensweisen nicht gezielt gegen den Lehrer gerichtet sind.

Soviel zur extensionalen Veranschaulichung dessen, was man als Disziplinlosigkeit im Unterricht bezeichnen kann. Es ist in der Praxis nicht leicht, konkrete Vorfälle richtig einzuschätzen. Absichtlichkeit und Zielgerichtetheit abweichenden Verhaltens sind nicht immer zu erkennen. Dennoch aber sollte der Lehrer auch hier darum bemüht sein, das Problem richtig zu sehen und den Schweregrad eines Disziplinverstoßes nicht überzubewerten. Gerade als unmittelbar Betroffener erliegt der Lehrer häufig der Gefahr, die Dinge sehr subjektiv, einseitig und damit falsch zu beurteilen.

Eine distanzierte Betrachtungsweise kann sich aber erst aus der Kenntnis von möglichen Ursachen abweichenden Schülerverhaltens ergeben. Darüber wird im folgenden zu sprechen sein.

II. Psychologische Überlegungen zur Entstehung abweichenden Verhaltens

Es gibt ein scheinbar plausibles und deshalb im öffentlichen Bewußtsein weit verbreitetes Erklärungsschema, das besagt, abweichendes Verhalten sei auf schlechte Veranlagung zurückzuführen. Der wissenschaftliche Nachweis für diese Annahme konnte allerdings bis heute nicht erbracht werden. Bei aller Ungewißheit über die Art und die Anzahl der dem Menschen angeborenen Antriebe wird in den einschlägigen Wissenschaften gegenwärtig kaum noch die Meinung vertreten, daß die natürliche Triebstruktur des Menschen für sein abweichendes Verhalten unmittelbar verantwortlich ist. Vielmehr herrscht die Auffassung vor, daß angeborene Antriebe relativ unspezifische Grundkräfte darstellen, für deren Befriedigung jeweils sehr unterschiedliche Wege eingeschlagen werden können: gesellschaftlich akzeptable wie unakzeptable. Demzufolge liegt es an der Art des eingeschlagenen Befriedigungsweges, ob ein Verhalten als „gut" oder „schlecht" beurteilt wird und nicht am Antrieb selbst. Was nun die Wahl abweichender Verhaltensmuster betrifft, so wird man davon ausgehen müssen, daß das Individuum weitgehend durch seine Umwelt zu dem geworden ist, was es ist.

Zur Erklärung menschlichen Verhaltens wird gegenwärtig vor allem die zentrale Kategorie des Lernens herangezogen. Auch abweichendes Verhalten läßt sich mit lerntheoretischen Ansätzen interpretieren. Was bedeutet Lernen? Man kann es allgemein umschreiben als Entstehung und Änderung von Dispositionen und Fähigkeiten aufgrund von Umweltsituationen, wobei biologische Vorgänge wie natürliche Reifungsprozesse, Ermüdungszustände, Drogenbeeinflussung oder ähnliches ausgeklammert bleiben (vgl. R. M. Gagné, 1969, S. 10; E. R. Hilgard, G. H. Bower, 1970, S. 16). Gelernt werden Informationen, Motive, Erwartungen, Einstellungen, Interessen, Werthaltungen, Verhaltensnormen, Verfahrensweisen, die Sprache, motorische Fertigkeiten usw. (vgl. H. Roth, 1965, S. 202; O. W. Haseloff, E. Jorswieck, 1970, S. 15). Für unser Thema ist wichtig, daß unerwünschte Werthaltungen, Normen und Verhaltensmuster auf dieselbe Art und Weise gelernt werden können wie gesellschaftlich erwünschte. Zwei lerntheoretische Ansätze sollen im folgenden herausgegriffen werden, an denen sich die Entstehung abweichenden Verhaltens demonstrieren läßt: Die Theorie des Lernens am Erfolg und die Theorie des Beobachtungslernens.

1. Das Lernen am Erfolg

Man kann voraussetzen, daß im Menschen stets Bedürfnisse vorhanden sind, die nach Befriedigung drängen. Diese Bedürfnisse können vitaler Natur sein wie der Nahrungs- oder der Sexualtrieb, sie können aber auch durch die soziokulturelle Umwelt vermittelt und abgewandelt worden sein; eine Vielzahl von Motiven, Wünschen und Interessen strebt nach Zufriedenstellung.

Man kann außerdem davon ausgehen, daß der Mensch versucht, diese seine kleineren oder größeren Probleme durch irgendein Verhalten zu lösen. In völlig vertrauten Situationen kann ohne weiteres auf bereits irgendwann und irgendwie gelernte Verhaltensmuster zurückgegriffen werden; schwierige Probleme lassen sich unter Umständen aufgrund von Erfahrungen in früheren und ähnlich strukturierten Situationen durch einsichtiges Verhalten bewältigen; es sind aber auch völlig neuartige Situationen denkbar, in denen das Verhalten zum Zwecke der Motivbefriedigung den Charakter des planlosen Probierverhaltens bekommt. Festzuhalten ist: es gibt stets Bedürfnisse, welcher Art auch immer, und es werden stets irgendwelche Aktivitäten zum Zweck der Bedürfnisbefriedigung unternommen. Damit sind die Voraussetzungen für das Lernen bzw. Weiterlernen durch Erfolg genannt.

Der Prozeß des Lernens am Erfolg läßt sich wie folgt

umschreiben: Wenn eine Verhaltensweise unmittelbar oder in erkennbarem Zusammenhang von einem angenehmen Zustand begleitet wird, so wirkt dieser angenehme Zustand verstärkend auf das Verhalten; wenn also ein Verhalten zu einer Bedürfnisbefriedigung, zu einem Erfolg führt, dann hat dieses Erlebnis einen verstärkenden Effekt auf das vorausgehende Verhalten und bei entsprechender Wiederholung des Vorganges wird dieses Verhalten gelernt und gefestigt. Was nun im einzelnen Bedürfnisbefriedigungen oder Erfolge sind, läßt sich nicht immer vorherbestimmen, weil dies von der subjektiven Bewertung durch das Individuum abhängt. Wichtig aber ist für unseren Zusammenhang, daß auch das Ausbleiben eines erwarteten Mißerfolgs, z. B. nach einem Vergehen, als ein Erfolg empfunden werden kann, der die vorausgehende Handlung verstärkt. Der in der Pädagogik niemals völlig unbekannte Vorgang des Lernens am Erfolg wurde erstmals von dem amerikanischen Psychologen Edward L. Thorndike systematisch erforscht und als sog. „Effektgesetz" bezeichnet. Dieses Effektgesetz gilt unter gewissen Einschränkungen auch in umgekehrter Richtung: Bei negativem Nacheffekt, bei sich einstellendem Mißerfolg also, wird das entsprechende Verhalten abgebaut, verlernt.

Ein wichtiger, die Theorie des Lernens am Erfolg ergänzender Gedanke darf nicht unerwähnt bleiben: Der Erfolg eines Verhaltensmusters führt nicht nur zu dessen Verfestigung, sondern hebt auch das sog. „Anspruchsniveau". Das bedeutet: Das handelnde Individuum setzt sich von Erfolg zu Erfolg höhere Ziele, traut sich mehr und mehr zu, Erwartungen und Bedürfnisse werden anspruchsvoller, der Einsatz zur Bedürfnisbefriedigung wird erhöht (K. Lewin u. a., 1944).

Versuchen wir nun, den skizzierten lerntheoretischen Ansatz auf unsere Fragestellung zu übertragen. Wie läßt sich disziplinloses Verhalten in der Schule erklären? Wie sehen die Erfolge aus, die zum Erlernen und zur Wahl disziplinlosen Verhaltens führen? Inwieweit lohnt es sich für einen Schüler, sich abweichend zu verhalten?

Nehmen wir als Beispiel das menschliche Grundbedürfnis nach sozialer Anerkennung und Beachtung, zu dessen Befriedigung viele Wege führen können. Tatsache ist, daß manchen Kindern und Jugendlichen der Weg über schulische Leistungen versperrt bleibt; auch kleine subjektive Leistungsverbesserungen werden nicht honoriert. Hinzu mag kommen, daß ihnen auch im familiären Bereich sowie im Freizeitbereich von seiten Gleichaltriger keine oder nur sehr wenig Beachtung zuteil wird. Nun bietet der Unterricht nicht selten die Gelegenheit dafür, durch das Handeln nach einem umgekehrten Normenkodex wenigstens zu begrenztem Beifall und Ansehen zu gelangen. Der Klassenclown ist ein tragikomisches Beispiel dafür; seine Originalität und Komik erschöpft sich zuweilen darin, dem Lehrer Ärger und Verlegenheit zu bereiten. Würde er den Unterricht nicht stören, fiele er überhaupt nicht auf; die Beachtung seiner Person würde sich dem Nullpunkt nähern; das ist die subjektive Ausgangsbasis. Wenn er aber den Unterricht stört, lenkt er die Aufmerksamkeit auf sich, steht er im Mittelpunkt des Interesses, verschafft er sich den Beifall von Mitschülern, die sein Störverhalten mit Gelächter quittieren. Diese Art von subjektiv empfundenem Erfolg wiegt für ihn sehr schwer. Alles andere ist kaum von Bedeutung: Die Wertschätzung durch den Lehrer ist ohnehin längst verspielt, die Zensuren können nicht mehr schlechter werden, die Strafen sind bereits einkalkuliert. Das positive Gefühl, zumindest auf einem Gebiet eine Art Berühmtheit zu sein, ist ausschlaggebend. Das Bedürfnis nach Beachtung wird partiell befriedigt, wenn auch objektiv betrachtet auf recht zweifelhafte Weise. Dieser Erfolg wirkt sich nach dem Effektgesetz festigend und verstärkend im Hinblick auf weitere Störaktionen aus.

Das Lernen von abweichendem Verhalten nach dem Prinzip der Verstärkung ist deshalb so bedeutsam, weil verhältnismäßig häufig vorkommt, daß sich starke Bedürfnisse mit der Unfähigkeit paaren, diese Bedürfnisse auf legale und sozial erwünschte Weise zu befriedigen. Beliebig ließen sich Beispiele finden, in denen bei starker

Antriebsintensität z. B. im Bereich der Sexualität, im Bereich des Strebens nach Macht oder Besitz viel zu geringe Fähigkeiten, Kenntnisse und Ausdauer vorhanden sind, als daß legale Befriedigungswege eingeschlagen werden könnten. In solchen Fällen wird der Weg über abweichendes Verhalten zum Erfolg führen, der dieses Verhalten weiter verstärkt.

Aber nicht nur die Unfähigkeit, Bedürfnisse auf akzeptable Weise zu befriedigen, führt zum Erlernen abweichenden Verhaltens, sondern zuweilen auch die Tatsache, daß die Befriedigung zentraler Bedürfnisse überhaupt verwehrt wird. Denken wir z. B. an den kindlichen Bewegungsdrang oder die Spielfreudigkeit bei Schulanfängern und Grundschülern, denken wir vor allem an das berechtigte Bedürfnis nach geistiger Aktivität, an das Bedürfnis nach einem abwechslungsreichen und interessanten Unterricht. Ein Unterricht, in dem diese Bedürfnisse nicht berücksichtigt und die Lernenden in Passivität und Langeweile gehalten werden, führt dazu, daß die Schüler auf ihre Art versuchen, den Unterrichtsvormittag erlebnisreicher zu gestalten und die Monotonie zu durchbrechen. Die Möglichkeiten reichen von der heimlichen Nebenbeschäftigung bis zur offenen Aggression gegen den Lehrer. Der Erfolg liegt für die Schüler auf der Erlebnisseite: Der Unterricht bekommt Farbe und Abwechslung; eine gelungene kabarettistische Einlage kann zum Tagesereignis werden, Ermahnungen, Tadel und Strafen sind gewisse Unkosten, die man in Kauf nimmt und trägt. Es gilt hier festzuhalten, daß der unbefriedigte Erlebnisdrang in der Schule relativ leicht durch prickelnde Erlebnisse auf disziplinarischem Sektor befriedigt werden kann und daß eine solche Befriedigung sich nach dem Effektgesetz verstärkend und festigend im Blick auf spätere Störverhaltensweisen auswirkt.

Ergänzend ist hinzuzufügen, daß schulisches Störverhalten wie jedes abweichende Verhalten durch subjektiv empfundene Erfolgserlebnisse nicht nur gelernt und gefestigt wird, sondern daß auf weite Sicht gesehen auch das Anspruchsniveau gehoben wird. Das abweichende Individuum steckt sich höhere Ziele, traut sich von Erfolg zu Erfolg mehr zu. Dies erklärt zum Teil den individuellen Werdegang des Kriminellen durch zeitliche Phasen zunehmend abweichenderen Verhaltens; es erklärt aber auch die zunehmende Intensität und Ausweitung von Störaktionen während des Unterrichts im Laufe eines Schuljahres. Aus dem bisher Gesagten ergeben sich als unmittelbar praktische Konsequenzen, daß berechtigte Bedürfnisse und Interessen von Schülern befriedigt werden sollten, aber auch, daß beim Abweichler subjektive Erfolgserlebnisse bei Disziplinverstößen nach Möglichkeit zu verhindern sind. Letzteres kann jedoch bei Nichtberücksichtigung anderer psychologischer Zusammenhänge leicht zu einem Mißverständnis führen, vor dem schon hier gewarnt sei: Lehrerreaktionen auf abweichendes Schülerverhalten werden häufig unter die Devise des rigorosen Durchgreifens und des harten Strafens gestellt, damit dem Disziplinverstoß der Charakter einer Bedürfnisbefriedigung genommen wird („ . . . denen soll die Lust am Stören gehörig ausgetrieben werden!"). Schon die folgenden Ausführungen werden diesen Schluß als sehr voreilig erscheinen lassen; an späteren Stellen wird er noch weiter einzuschränken sein.

2. Das Beobachtungs- oder Imitationslernen

„Worte bewegen, Beispiele reißen hin", sagt eine alte pädagogische Weisheit. Natürlich üben auch schlechte Vorbilder ihren Einfluß aus. „Böse Beispiele verderben gute Sitten" lautet ein anderes Sprichwort. Erst in jüngster Zeit sind derartige Gedanken durch Untersuchungen — vor allem des Amerikaners Albert Bandura und seiner Mitarbeiter — in der Theorie des Beobachtungslernens zu wissenschaftlicher Bedeutung gelangt (vgl. A. Bandura, R. H. Walters, 1963). Beobachtungslernen läßt sich umschreiben als ein Prozeß, „bei dem sich das Verhalten einer Person entsprechend dem von ihr beobachteten . . . Verhalten einer anderen Person ändert, d. h. sich dieser annähert" (R. u. A. Tausch, 1971, S. 49). Diese Annahme steht nicht im Widerspruch zu anderen Lerntheorien, sondern ergänzt sie; sie erlaubt vor allem die Erklärung des Zustandekommens solcher Verhaltensmuster, die im Verhaltensrepertoire eines Individuums zum ersten Male auftauchen. Folgende Tatsachen können die Bereitschaft zur Nachahmung eines Verhaltensmodells erhöhen: die Beobachtung, daß das zu imitierende Verhalten bei der Modellperson zum Erfolg führt; hoher Status, Ansehen und freundliches Verhalten der Modellperson; geringes Selbstvertrauen, Unselbständigkeit und Erregtheit auf seiten des Beobachters (F. Sixtl, W. Korte, 1969, S. 190).

Die Imitation von Modellpersonen kann im allgemeinen auf dreierlei Art und Weise geschehen:

a) durch die Übernahme völlig neuer Verhaltensmuster, die vorher noch nicht zum Verhaltensrepertoire des Beobachters gehörten;

b) durch Enthemmung oder Hemmung von Verhaltensmustern, die für den Beobachter nicht neu sind;

c) durch direkte Auslösung von Verhaltensmustern aus dem Repertoire des Beobachters. In diesem letzten Fall liefert die Modellperson nur noch den verhaltensauslösenden Schlüsselreiz (A. Oswald, S. Raue, 1971, S. 47).

Wenn wir diese Ausführungen auf unsere schulischen Disziplinprobleme übertragen, können wir folgendes feststellen:

a) Es wird nicht selten vorkommen, daß ein Schüler Formen des Störverhaltens im Unterricht an einem Mitschüler beobachtet, die er selber noch gar nicht kannte und die er nun zu imitieren beginnt. Dieser Vorgang kann noch begünstigt werden durch die bereits genannten Bedingungen, wenn also das Verhaltensmodell oder der Imitierende selbst zum Erfolg gelangt, z. B. durch Zustimmung und Lachen der Mitschüler, wenn das schlechte Verhaltensmodell eine Prestigepersönlichkeit in der Klasse ist, wenn der Imitierende selbst wenig Selbstvertrauen besitzt, wenn er besonders abhängig ist vom Einfluß anderer. Aber auch und besonders der Lehrer figuriert als wichtige Modellperson, deren Verhalten beobachtet und imitiert wird. Stärke und Form seiner Aggressionen beispielsweise werden von den Schülern aufgegriffen und können vor allem gegen schwächere Mitschüler angewendet werden.

b) Wenn Modellverhalten den Effekt der Hemmung und Enthemmung von bereits gelernten Verhaltensmustern haben kann, dann bedeutet das in unserem Zusammenhang folgendes: Das Störverhalten eines Schülers oder das Verhalten eines schlechten Lehrer-Modells kann beim Beobachter das Über-Ich, also die Kontrolle über das eigene disziplinierte Verhalten, beeinträchtigen. Anders ausgedrückt: das negative Modellverhalten kann beim Beobachter die bereits früher gelernten, aber bislang gehemmten Störverhaltensweisen enthemmen und aktivieren, momentan oder für längere Zeit. Umgekehrt werden bereits gelernte positive Verhaltensformen wie Höflichkeit, Aufmerksamkeit und Bereitschaft zur Mitarbeit gehemmt. Negatives Modellverhalten im Unterricht kann also beim Beobachter einen zweifachen Effekt haben: erwünschtes Verhalten wird gehemmt und abweichendes Verhalten wird in der Richtung des negativen Vorbildes enthemmt.

c) Ist ein Schüler im Hinblick auf Störverhalten kein unbeschriebenes Blatt mehr und hat er auch für die Realisierung des Störverhaltens keine Hemmungen, dann wird das beobachtete Störverhalten für ihn nur noch ein auslösender Schlüsselreiz sein. Das Grimassenschneiden eines Schülers im Unterricht beispielsweise kann für fünf andere Störenfriede der Auslöser dafür sein, dasselbe zu tun.

Neben lerntheoretischen Ansätzen bieten u. a. auch die von der Psychoanalyse herausgearbeiteten Abwehrmechanismen eine Möglichkeit der Erklärung abweichenden Verhaltens.

3. Psychische Abwehrmechanismen

Die von der Psychoanalyse beschriebenen Abwehrmechanismen, von denen hier nur einige herausgegriffen werden, können in besonders ausgeprägter Form als abweichendes Verhaltensmuster in Erscheinung treten.

Allen Abwehrmechanismen ist folgendes gemeinsam: Es handelt sich um einen unbewußten Versuch der Zurückweisung von eigenen Motiven, die früher befriedigt wurden, aber fortan nicht mehr befriedigt werden dürfen oder nicht mehr befriedigt werden können. Außerdem kann angenommen werden, „daß jeder Abwehrmechanismus seinerseits eine Art von Befriedigung der ursprünglichen Motive, eine mehr oder weniger gute Ersatzbefriedigung liefern muß, um überhaupt wirksam sein zu können" (W. Toman, 1968, S. 118). Abwehrmechanismen sind also unbewußt arrangierte psychische Vorgänge, die den Verzicht auf Bedürfnisbefriedigung erträglich machen bzw. von ihm ablenken.

a) Der elementarste Abwehrmechanismus: die Verdrängung

Verdrängungen richten sich gegen unangenehme Vorstellungen und gegen unerlaubte und unrealisierbare Triebregungen. Dabei handelt es sich aber keineswegs um bewußte Verurteilungen oder Verzichtleistungen, sondern nur um ein Zurückdrängen aus dem Lichte des Bewußtseins. Im Bereich des Unbewußten führen verdrängte Vorstellungen, Wünsche und Antriebe ein unkontrolliertes Eigenleben, von wo aus sie das Handeln des Individuums in unliebsamer Weise beeinflussen können. Das Ich ist nicht imstande, solche Regungen am gelegentlichen Wirksamwerden zu hindern. Das Fatale an der Verdrängung ist, daß das Individuum nichts von ihr weiß und daß durch das verborgene Wirken Fehlleistungen und Verhaltensstörungen entstehen können.

Das bisher Ausgeführte dürfte schon erkennbar werden lassen, daß Verdrängungsleistungen zentrale Prozesse der

Persönlichkeitsentwicklung sind. Der Lebenslauf vom Kleinkind bis zum kultivierten Erwachsenen ist reich an Verdrängungen von Antrieben, Wünschen und Vorstellungen, die sich ursprünglich einmal frei entfalten durften in Sprache und Verhalten, die aber aufgrund erwarteter Mißerfolge und Strafen aus dem Bewußtsein gestrichen wurden, jedoch zuweilen im Verhaltensrepertoire wieder auftauchen, weil sie der Ich-Kontrolle entgehen. In welcher Weise äußern sich nun diese Fehlleistungen und Verhaltensstörungen aufgrund von Verdrängung?

Der schlechte Schüler, der seine Hausaufgaben zu machen vergißt, kann deshalb vergessen, weil er nach Schulschluß die äußerst unangenehme Erinnerung an die Schulzeit überhaupt aus seinem Bewußtsein verdrängt. Würde ihn jemand an seine Pflicht erinnern, würde er, wenn auch widerwillig, seine Pflicht erfüllen. Dies ist ein harmloses Beispiel. Ein weiteres sei hinzugefügt: Es gehört zu den sozial mißbilligten und besonders verpönten Verhaltensweisen, daß ein Schüler einem unterlegenen Mitschüler gegenüber offen aggressiv wird. Der Schüler kann seine aggressiven Neigungen aufgrund dieses normativen Anspruchs verdrängen. Es kann aber sein, daß er unvermittelt in schadenfrohes Gelächter ausbricht, wenn einem schwächeren Mitschüler ein Mißgeschick passiert; seine Äußerung ist das Symptom für das Weiterbestehen aggressiver Neigungen im Unbewußten. Es ist wichtig zu beachten, daß ähnliches ebenso für das Lehrerverhalten gilt.

Gravierendere Folgen von Verdrängung können sich u. a. in Hysterien und Zwangsneurosen äußern. Der Lehrer sollte von solchen Zusammenhängen wissen; es wird aber dem psychoanalytisch geschulten Diagnostiker vorbehalten bleiben müssen, den Ursachen und Verlaufsformen solcher Fehlverhaltensweisen im konkreten Fall nachzugehen.

b) Kompensation

Der tiefenpsychologische Begriff der Kompensation meint die Tatsache, daß das menschliche Individuum bestrebt ist, bei stattgefundener bzw. drohender Versagung von Bedürfnissen das seelische Gleichgewicht auf irgendeine Art wieder herzustellen bzw. zu erhalten. An der Behinderung von Bedürfnisbefriedigungen können eigene körperliche Minderwertigkeiten — z. B. geringe Körperkraft, kleine Statur, körperliche Gebrechen — schuld sein, aber auch emotionale und kognitive Schwächen sowie Widerstände der Umwelt. Über den Umweg der Kompensation, die eine Ersatzbefriedigung darstellt, wird dem Erlebnis der Minderwertigkeit und Unsicherheit auszuweichen versucht: eine Sicherungstendenz zum Zweck der Aufrechterhaltung des seelischen Gleichgewichts (vgl. A. Adler, 1972). Folgende kompensatorische Praktiken sind möglich: Prahlerei, Starrsinn, Trotz, übertriebener Ehrgeiz, Rücksichtslosigkeit und Verleumdung; aber auch in kriminellen Praktiken von Lug und Betrug kann sich die Kompensation äußern. Da eigentlich alle Abwehrmechanismen als Ersatzbefriedigung fungieren, tragen sie gewissermaßen immer auch kompensatorischen Charakter. Einige speziellere Formen seien noch angeführt.

c) Projektion

Bei der Projektion unterstellt das Individuum ein Motiv, das es selbst hat, das aber verboten ist und vielleicht bereits bestraft wurde, einer anderen Person, ohne dafür berechtigte Anhaltspunkte zu besitzen. Eigene sozial mißbilligte Triebregungen, Wünsche oder Gefühle werden in andere Menschen hineinprojiziert und diese als Feinde angesehen. Dies geschieht, weil dadurch das Ich vom Schuldgefühl entlastet wird. Der Haß gegen einen Mitmenschen z. B. ist ein sozial mißbilligtes Gefühl oder die Aggression gegen einen Mitmenschen ist ein sozial mißbilligtes Verhalten. Weil sozial mißbilligt, rufen beide ein Schuldgefühl hervor. Eine Entlastung von diesem

Schuldgefühl, gewissermaßen eine nachträgliche Rechtfertigung für eigene Haßgefühle und Aggressionen wird dadurch erreicht, daß man nun einem Mitmenschen unbewußt jene Fehler zuschreibt, die man selbst hat, daß man ihn etwa zum Hasser und Aggressor stempelt, wodurch man selbst in die Rolle des Gequälten, Benachteiligten oder Verfolgten schlüpfen kann (vgl. A. Freud, 1964, S. 37). Es ist offenkundig, daß Projektionen für die Störung zwischenmenschlicher Beziehungen von großer Bedeutung sein können, weil sie die Sicht der Wirklichkeit verfälschen. Projektionen können Quellen von Vorurteilen, Verleumdungen und falschen Anschuldigungen sein, ohne daß sich der Urheber und die Mitwelt dessen bewußt werden.

d) Regression

Mit Regression bezeichnet man den Rückfall der Triebbefriedigung auf primitive kindliche Stufen. Der normale Mensch lernt, seine Triebansprüche in kultivierter und sozial gebilligter Art zu befriedigen, er lernt, wie man sagt, seine Triebe zu sublimieren. Eine Form abweichenden Verhaltens kann nun darin bestehen, daß das Individuum ein bestimmtes Niveau der Triebbefriedigung wieder aufgibt und auf niedrigere Stufen zurückfällt. Frustrationen und durch sie hervorgerufene Angstzustände führen häufig zu regressiven Symptomen. Bekannt ist das Beispiel des erstgeborenen Kindes, welches nach der Geburt eines Geschwisters einen Verlust an Liebeszuwendung erfährt und plötzlich in primitivere Formen von Befriedigung, die bereits überwunden waren, zurückfällt: nächtliches Einnässen, Einkoten, Daumenlutschen oder Aggressivität können sich einstellen. Schulangst bei schlechten Schülern strenger Eltern, ausgelöst vor und während der Prüfungsarbeiten, können zu zeitweiliger oder bleibender Regression z. B. in Form von Nägelkauen oder Daumenlutschen führen. Auch anderen Formen des Störverhaltens wie Essen im Unterricht, Kauen am Bleistift, motorischer Unruhe, Schwätzen und aggressiven

Verhaltensweisen kann eine gewisse regressive Komponente zugesprochen werden.

e) Rationalisierung

Mit Rationalisierung oder Zweckrationalisierung bezeichnet man in der Psychoanalyse einen Vorgang, der eigentlich dem Prinzip der Rationalität im gewohnten Verständnis widerspricht. Es handelt sich um ein Interpretieren, um ein Zurechtlegen von Situationen und eigenen Verhaltensweisen, das objektiv betrachtet falsch ist und nur der subjektiven Rechtfertigung und Gewissensberuhigung dient. Das Rationale und Zweckmäßige besteht darin, daß abweichendem Verhalten ein akzeptables Motiv unterschoben wird, damit das eigene Unvermögen getarnt bleibt, getarnt vor der Öffentlichkeit, aber auch vor sich selbst. Rationalisierung ist ein häufiger Abwehrmechanismus: abgewehrt werden sollen Selbsterkenntnis des eigenen Unvermögens und Gewissensbisse. Scheinbegründungen und Scheinmotivationen, vor oder nach der Handlung abgegeben, bleiben dem Individuum selbst in ihrer Scheinheiligkeit weitgehend unbewußt. Das ist das Gefährliche an diesem psychischen Vorgang: Dem Täter fehlt zuweilen jegliche Einsicht in die Verwerflichkeit seines abweichenden Verhaltens. Hier wird auch deutlich, welche Grenzen der Bestrafung gesetzt sind, wenn sie isoliert von Aufklärung und Besprechung des Falles erfolgt. Bloße Bestrafung von rationalisiertem Vergehen kann vom Täter als unbegründet frustrierender Akt mißverstanden und als Vorwand für weitere Aggressionen gegen den Strafenden betrachtet werden.

III. Ein Sonderproblem: die menschliche Aggressivität

Aggressives Verhalten ist eine spezielle Form abweichenden Verhaltens; seine Bedrohlichkeit und Verbreitung rechtfertigen eine gesonderte Behandlung. Die menschliche Aggressivität ist zu einem pädagogischen Problem ersten Ranges geworden, und dies keineswegs allein wegen entsprechender Disziplinschwierigkeiten innerhalb des Bereichs der Erziehungsinstitutionen. Auch und besonders das private und öffentliche Zusammenleben der Erwachsenen wird von zuweilen unbegreiflichen Feindseligkeiten belastet, die bis zu physischen und psychischen Terrorakten eskalieren. Der Menschheit sind zudem gegenwärtig die technischen Mittel in die Hand gegeben, die bei hoher unkontrollierter Aggressivität sogar an das Schreckgespenst der gegenseitigen Vernichtung denken lassen.

Was ist aggressives Verhalten? Der Begriffsumfang läßt sich durch eine Reihe von Verben umschreiben wie drohen, einschüchtern, erniedrigen, beleidigen, quälen, beschädigen, vergelten, vernichten (J. Dollard u. a., 1970, S. 18 f). Man kann Aggressionen definieren als Verhaltensweisen, mit denen die direkte oder indirekte Schädigung eines Individuums absichtlich herbeigeführt wird (vgl. F. Merz, 1965, S. 571). Rein zufällig und unbeabsichtigt entstandene Beeinträchtigungen gelten nicht als Aggressionen.

Das Feld aggressiver Verhaltensmöglichkeiten im Unterricht ist sehr breit und reicht vom anonymen Zwischenruf eines Hinterbänklers bis zur offenen Tätlichkeit gegen den Lehrer. Eine umfangreiche Liste ließe sich ebenfalls für die zahlreichen Feindseligkeiten von Schülern untereinander aufstellen; vergessen wir aber auch nicht die vielen Aggressionen des Lehrers gegen Schüler. Bei aufmerksamer Beobachtung des Unterrichts läßt sich ein erschreckendes Ausmaß an Gesamtaggressivität registrieren.

Wo liegen die Gründe für menschliche Aggressionen? In der Aggressionsforschung unterscheidet man hauptsächlich drei theoretische Ansätze für die Erklärung dieses Phänomens:

1. Aggression als angeborener Antrieb,

2. Aggression als Reaktion auf Frustration und

3. Aggression als Produkt des Lernens.

Auf diese drei Konzepte und ihre pädagogischen Konsequenzen muß im folgenden eingegangen werden.

1. Aggression als angeborener Antrieb

In der späten Trieblehre Sigmund Freuds, bei zahlreichen Psychoanalytikern sowie in der Verhaltensforschung des Kreises um Konrad Lorenz herrscht die Grundannahme von einer biologisch-triebhaften Verankerung menschlicher Aggressivität vor. Diese Annahme ist ungesichert, wie noch zu zeigen sein wird.

Freuds Persönlichkeitsmodell besteht bekanntlich aus drei Teilsystemen: ES, ICH und ÜBER-ICH.

Das ES ist das System der primitiven Antriebe, die als angeboren gelten können. Zu diesen soll nach Freud auch ein Zerstörung bewirkender Antrieb zählen. Das Insgesamt dieser Antriebe versucht sich durchzusetzen, ohne Rücksicht darauf, ob dies von der Umwelt gestattet wird.

Das ICH hat nun die Aufgabe, die Befriedigung dieser Antriebe zu organisieren und den augenblicklichen Gegebenheiten anzupassen; wenn Befriedigung von der Umwelt nicht gestattet wird, drängt das ICH den betreffenden Antrieb zurück. Das ICH übernimmt die Funktionen des Wahrnehmens, des Lernens im weitesten Sinne und der Entscheidung für das Handeln. Das ICH läßt sich charakterisieren als Vermittlungsinstanz zwischen den Ansprüchen des ES und denen der Umwelt.

37

Das dritte Teilsystem schließlich, das sog. ÜBER-ICH, ist das System gelernter gesellschaftlicher Normen oder, wenn man will, das Gewissen. Bei normaler Persönlichkeitsentwicklung wird durch Umwelt- und Erziehungseinflüsse erreicht, daß die Ansprüche der Gesellschaft im ÜBER-ICH verinnerlicht werden, daß die Realitätsfähigkeit des ICH ausgebildet wird und daß die Ansprüche des ES auf Ersatzbefriedigungen abgelenkt bzw. zu gesellschaftsdienlichen Zwecken umgewandelt werden.

Aus diesem Persönlichkeits- und Entwicklungsmodell ergeben sich für akute Aggressionen folgende Erklärungsmöglichkeiten: Je jünger das Kind ist, desto stärker und unkontrollierter kommen die nach Lustgewinn strebenden Antriebe zum Zuge, weil erstens die gesellschaftlichen Normen noch nicht ausreichend gelernt sind und weil zweitens die Vermittlungsinstanz des ICH noch nicht ausgebildet ist. Je jünger das Kind, desto weniger kann es auf Lustgewinn verzichten, umso mehr werden sich auch aggressive Impulse durchsetzen (A. Aichhorn, 1951, S. 164). Aggressives Verhalten von Jugendlichen und Erwachsenen läßt sich ähnlich erklären: Aufgrund unzureichender Umwelt- und Erziehungsbedingungen kann das ÜBER-ICH, die persönliche Kontrollinstanz, mangelhaft ausgebildet worden sein, wodurch der angeblich angeborene Antrieb zu Aggression und Destruktion sich relativ frei entfalten kann. Aber auch die mangelhafte Ausbildung der ICH-Funktionen kann für das Aufkommen aggressiver Impulse verantwortlich sein. ICH-Schwäche, d. h. vor allem fehlender Realitätssinn, kann u. a. daraus resultieren, daß Kinder zu lange unselbständig gehalten werden; was Realität ist, was zu tun und zu unterlassen ist, wird ihnen permanent vorgedacht und vorgeschrieben. Einmal auf sich selbst gestellt, sind solche Individuen unfähig, Situationen wirklichkeitsgerecht einzuschätzen, Handlungsabläufe rational zu planen und Befriedigungen von sich aus zurückzustellen. Sie gehen den Weg des geringsten Widerstandes, und das ist der Weg, zu dem das ES drängt (vgl. A. Cohen, 1970, S. 101 f.).

Man sieht also: Erziehung und Umwelt werden hier zwar in ihrer persönlichkeitsprägenden Bedeutung erkannt, aber wenn Aggressivität zum Durchbruch gelangt, erklärt man dies damit, daß feindselige Antriebe bereits als Naturkonstante vorhanden sind, die nicht oder noch nicht ausreichend zurückgedrängt und kanalisiert werden konnten. Die entscheidende Frage aber, worauf sich denn eigentlich die Sicherheit Freuds und vieler Psychoanalytiker im Glauben an das Angeborensein eines Aggressionstriebes stützt, bleibt offen. Es scheint, daß unter dem tiefen Eindruck der menschlichen Brutalität in Geschichte und Gegenwart vom Symptom kurzerhand auf eine entsprechende biologische Fundierung geschlossen wird (vgl. z. B. S. Freud, Bd. XIV, S. 471).

Für den Bereich des tierischen Verhaltens dürfte es indessen gelungen sein, Aggressivität als naturgegebenen Antrieb nachzuweisen (K. Lorenz, 1970, S. 77 ff.; J. Eibl-Eibesfeld, 1970, S. 84 ff.). Dabei ist wichtig, daß mit tierischen Aggressionen immer nur feindselige Verhaltensmuster unter Artgenossen gemeint sind, nicht etwa auch das Reißen von Beutetieren durch Raubtiere.
Der Aggressionstrieb erfüllt bei Tieren eine selbst- und arterhaltende Funktion. Vor allem aber ist interessant, daß der tierischen Aggressivität nicht jene Lebensgefährlichkeit anhaftet, wie dies bei der menschlichen Aggressivität der Fall ist. Auch die erbittertsten Aggressionen unter tierischen Artgenossen führen nämlich nicht zur Tötung des Unterlegenen, sondern Tiere mit gefährlichen Angriffswaffen verfügen über aggressionshemmende Mechanismen. Der in einem Kampf Unterlegene löst, wenn seine Lage lebensbedrohend zu werden beginnt, diese Aggressionshemmung beim Gegner durch eine Demutsstellung aus. Die Demutsstellung ist für den Sieger der Schlüsselreiz dafür, den Kampf zu beenden. An einem Beispiel von Konrad Lorenz sei dies veranschaulicht: In den Kämpfen zwischen Haushunden hält der Unterlegene häufig mitten im Kampfgetümmel inne und wendet seinen Kopf in eigentümlich steifer Haltung vom Gegner weg, so

daß die verletzlichste Stelle seines Körpers, die vorge-
wölbte Seite seines Halses und damit die Halsschlagader
dem Gegner schutzlos dargeboten wird. Der Sieger ist
dann merkwürdigerweise nicht mehr in der Lage, zuzu-
beißen. Der aggressionshemmende Mechanismus ist durch
den Schlüsselreiz des Unterlegenen ausgelöst worden
(K. Lorenz, 1965, Bd. II, S. 152).

Aus derartigen Beobachtungen zieht nun Lorenz direkte
Schlüsse auf den Menschen. Er glaubt zunächst, daß auch
diesem der Aggressionstrieb angeboren sein müsse, und
weiter, daß für einen Menschen der frühen Steinzeit der
Aggressionstrieb noch die positive Funktion der Selbst-
und Arterhaltung erfüllte, daß er aber in der heutigen
Kultur nicht nur überflüssig, sondern höchst gefährlich
geworden sei. Bei allen sozialen Tieren herrscht noch ein
Gleichgewicht zwischen Tötungsfähigkeit und Tötungs-
hemmung. Durch die menschlichen Erfindungen von Waf-
fen aber wurde das Gleichgewicht zugunsten der Tötungsfähigkeit verschoben. Demutsstellungen und -laute
sind durch die blitzartige Wirkung technischer Aggres-
sionsmethoden vollständig außer Funktion gesetzt und
„so versteht man die entsetzlichen Folgen, die die Erfin-
dung der Waffe — vom Faustkeil bis zur Atombombe —
für die Menschheit gehabt hat und noch hat" (K. Lorenz,
1965, Bd. II, S. 191). Aber nicht nur die Blitzartigkeit der
Vernichtungsmethoden setzen den Hemmungsmechanis-
mus außer Kraft, sondern auch räumliche und zeitliche
Distanz zum Aggressionsobjekt. Der „Schreibtischmör-
der" ist ein Beispiel dafür.

Lorenz sieht folgende Auswege aus der fatalen Situation:
Die bisher bestehenden Einsichten in die Natur der Aggression könnten unser Verhalten bereits beeinflussen. Es
gehöre u. a. zu diesen Einsichten, daß das Abreagieren
der Aggression an geeigneten Ersatzobjekten nötig ist und
daß allzulanger Aggressionsstau vermieden werden muß.
Eine besonders geeignete Form des Abreagierens wird in
fairen Wettkämpfen, vor allem sportlicher Art, gesehen.
Andere Empfehlungen wie das Schaffen nichtkriegerischer
Räume der Begeisterung durch Kunst und Wissenschaft

oder die Ausbildung der Humorfähigkeit bleiben äußerst vage (K. Lorenz, 1970, S. 383 ff.).

So bestechend die Argumentation von Lorenz sein mag, eines muß mit aller Deutlichkeit eingeschränkt werden, nämlich die Sicherheit, mit der von der tierischen auf die menschliche Triebausstattung geschlossen wird. Spätestens seit den Entdeckungen des Anthropologen Adolf Portmann weiß man, daß sich der Mensch nicht nur als Geistwesen vom Tier unterscheidet, sondern auch in vielen Belangen seiner biologischen Beschaffenheit (A. Portmann, 1956). Insgesamt gesehen muß man die Frage nach dem angeborenen Aggressionstrieb des Menschen als ungelöst offenlassen. Andere und empirisch weit gesichertere Theorien bieten sich als Erklärung für menschliche Agressivität an.

2. Aggression als Reaktion auf Frustration

Auch dieser Ansatz geht auf Sigmund Freud zurück, und zwar auf eine frühere Phase seiner Triebtheorie, in der Aggression nicht als eigenständiger Antrieb, sondern als eine Antwort des Individuums auf verweigerte Bedürfnisbefriedigungen angesehen wurde, eben als Reaktion auf Frustration (vgl. z. B. S. Freud, Bd. X, S. 230). Das amerikanische Psychologenteam Dollard, Doob, Miller, Mowrer und Sears baute diesen Gedanken dann gegen Ende der dreißiger Jahre weiter aus und verhalf ihm zu großer Popularität (J. Dollard u. a., dt. Übersetzg. 1970). Frustration läßt sich kurz umschreiben als Störung einer bestehenden zielgerichteten Aktivität (H. Selg, 1971, S. 11). Das grundlegende Postulat Dollards und seiner Kollegen lautet: Frustration führt immer zu einer Form der Aggression, oder umgekehrt: jeder Aggression geht immer eine Form der Frustration voraus (J. Dollard u. a., 1970, S. 9). Durch das „immer" wird hier ein monokausaler Zusammenhang gesehen, der keinerlei Einschränkungen zuläßt. Auf den Einwand, daß sich frustrierte Kinder und Erwachsene häufig mit der Situation abfinden und keineswegs aggressiv reagieren, entgegnen die Autoren, daß der Mensch von klein auf gelernt habe, offene aggressive Reaktionen weitgehend unter Kontrolle zu bringen, daß aber diese aggressiven Reaktionen niemals ausgelöscht, sondern nur verzögert, verschoben und abgelenkt werden. Und damit läßt sich nach ihrer Meinung der Satz „Frustration führt immer zu Aggression" weiterhin aufrechterhalten (a.a.O., S. 10).

Diese Grundhypothese wird noch durch zahlreiche Zusatzhypothesen spezifiziert. Nämlich: Je stärker die Frustration, desto stärker die Aggression. Die Stärke der Frustration wiederum ist abhängig von der augenblicklichen Stärke des Bedürfnisses, das beschnitten wird, vom Grad der Störung sowie von der Anzahl kleinerer Frustrationen, die sich summieren.

Aber nicht nur die Stärke der Frustration beeinflußt die darauf folgende Aggression, sondern auch die Aussicht, ob und inwieweit die Aggression von Erfolg oder Mißerfolg begleitet sein wird (a.a.O., S. 42 ff.). Der Mensch hat gelernt, Konsequenzen seines Handelns abzuschätzen, auch die positiven bzw. negativen Konsequenzen seines aggressiven Verhaltens. Damit ist ein wichtiger lerntheoretischer Gesichtspunkt mit berücksichtigt, nämlich das Thorndike'sche Effektgesetz, von dem bereits die Rede war. Nach Dollards Ansicht ist es aber nicht so, daß durch eintretende Mißerfolge aggressive Handlungen ausgelöscht, verlernt werden, sondern nur die erfolglose Aggressionsform wird verlernt; das durch Frustration aufgeladene Aggressionspotential bleibt und sucht sich erfolgreichere Ventile.

Dies kann folgendes bedeuten: Frustrierte Individuen, die ihrem Frustrator gegenüber unterlegen sind, vermeiden offene Aggressionen und gehen zu verdeckten Formen über (a.a.O., S. 54 ff.). Sabotage, Verleumdung, Stehlen und Lügen können aggressiven Charakter haben und die Schädigung des Frustrators bezwecken. Eine der für unseren Zusammenhang wichtigsten Formen veränderter Aggression sind Spott und Ironie. Das Lächerlichmachen und In-Verlegenheit-Bringen des Lehrers gehört zu den gängigen aggressiven Mitteln frustrierter älterer Schüler. Zu denselben Mitteln greift aber ebenso auch der frustrierte Lehrer. Auch er ist in seinem privaten wie in seinem beruflichen Leben zahlreichen Frustrationen ausgesetzt, die zu aggressiven Entladungen im Unterricht führen können.

Das Suchen nach erfolgversprechenden Möglichkeiten der Aggressionsentladung kann aber auch bedeuten, daß nicht nur die Form, sondern auch die Richtung der Aggression geändert wird. Man nimmt an, daß sich die Aggressionen eines Individuums zunächst gegen den Urheber von Frustrationen richten. Wenn es aber nicht ratsam sein sollte, gegen den Frustrator vorzugehen, weil eine harte Bestrafung, ein Mißerfolg zu erwarten ist, wird sich die Aggression auch gegen andere Objekte richten (a.a.O., S. 48 ff.). Das könnte z. B. bedeuten, daß ein relativ milder Lehrer von aggressiven Schülern häufig angegriffen und provoziert wird, obwohl er selbst kaum Urheber von Frustrationen ist. Als Frustratoren könnten in solchen Fällen sehr strenge Eltern oder Fachkollegen in Frage kommen, gegen die man nicht aggressiv zu werden wagt, weil eine entsprechend harte Bestrafung zu erwarten wäre.

Eine vor allem für die pädagogische Praxis sehr wichtige Spezifizierung dieser Theorie bezieht sich auf das Abreagieren von Aggressionen. Mit den Verfechtern der Theorie vom angeborenen Aggressionstrieb sind sich Dollard und seine Mitarbeiter darin einig, daß menschlicher Aggressivität die Gelegenheit zur Entladung gegeben werden muß, weil sich sonst ein unerträglicher und sehr gefährlicher Aggressionsstau bilden kann (a.a.O., S. 60 ff.). Darauf wird noch kritisch einzugehen sein.

3. Aggression als Produkt des Lernens

Gegen die beiden bisher besprochenen Modelle gerichtet fragt man neuerdings, weshalb denn für die Entstehung aggressiven Verhaltens andere Regeln und Erklärungen gelten sollen als für die übrigen Verhaltensarten. Die

Auffassung, wonach aggressives Verhalten als ein Ergebnis von Lernprozessen zu gelten habe, beginnt sich mehr und mehr durchzusetzen (vgl. H. Selg, Hrsg., 1971; A. Schmidt-Mummendey, H. D. Schmidt, 1971; A. Oswald, S. Raue, 1971). Dabei greift man vor allen Dingen auf die Theorien des Beobachtungslernens und des Lernens am Erfolg zurück, auf die bereits ausführlich eingegangen wurde.

In zahlreichen Untersuchungen und Experimenten konnte die Hypothese erhärtet werden, daß aggressives Modellverhalten die Aggressionsbereitschaft des Beobachters erhöht und ihn zur Nachahmung stimuliert (vgl. z. B. die Literaturübersicht bei R. u. A. Tausch, 1971, S. 51 ff. und W. Belschner, 1971, S. 75 ff.). Vergegenwärtigt man sich dann, in welchem Ausmaß und in welcher Vielfalt alltäglich vor den Augen von Kindern und Jugendlichen zwischenmenschliche Aggressionen zum Ausdruck gebracht werden, so ergibt sich damit einer der einleuchtendsten Erklärungsgründe für das vorliegende Problem.

Die indirekte Verherrlichung von Terror und Brutalität auf dem Bildschirm, in Comic-Heften und Büchern, offene Feindseligkeiten unter Erwachsenen, die beobachtete und zum Teil selbst erlittene Unterdrückung durch Mitglieder der Spielgruppe, Gängelei und Schikanen der Eltern, vor allem aber auch Herabsetzung, Beschimpfung, Ironie, Spott und rigoroses Strafen von seiten der Modellperson des Lehrers regen in gleicher Weise zur Übernahme aggressiver Verhaltensmuster durch den jugendlichen Beobachter an. In Situationen, die es ihm erlauben, seine Überlegenheit auszuspielen, kommen die auf diese Weise gelernten Aggressionen zur Anwendung.

Ebenso ist der Prozeß des Erfolgslernens am Zustandekommen aggressiver Verhaltensmuster beteiligt. Man mag es bedauern, aber die Tatsache dürfte nicht zu leugnen sein, daß in zahlreichen Lebenssituationen Gewalt und Unterdrückung schneller und sicherer zur subjektiven Befriedigung von Bedürfnissen führen als irgendein anderes Verhalten.

Da z. B. Eltern bestrebt sind, ein sich wild gebärdendes Kleinkind zu besänftigen, werden sie häufig seinen aggressionsähnlichen Attacken nachgeben. Das subjektive Erfolgserlebnis wird zur Verstärkung solcher Verhaltensmuster führen. Großzügiges Gewährenlassen von kindlichen Aggressionen, auf die manche Eltern geradezu stolz sind, wenn sie nicht selbst davon betroffen werden, erhöht die künftige Aggressionsbereitschaft. Ebenso könnte man den bereits besprochenen Frustrations-Aggressions-Zusammenhang lerntheoretisch interpretieren; denn durch das Beispiel der Umwelt sowie durch den selbsterlebten Erfolg kann schon frühzeitig und gründlich gelernt werden, daß man auf Frustrationen am besten mit Aggressionen reagiert (H. Selg, 1971, S. 19).

Versuchen wir, aus dem Gesagten die pädagogischen Konsequenzen zu ziehen: Die Möglichkeit einer natürlichen aggressiven Veranlagung kann nicht ausgeschlossen werden, auch wenn dafür derzeit kein überzeugender Nachweis vorliegt. Was bleibt angesichts dieser Tatsache zu tun?

Psychoanalytiker und Verhaltensforscher empfehlen häufig das kontrollierte Abreagieren von Aggressionen in harmlosen Dosierungen auf Ersatzobjekte. Dies erscheint jedoch sehr bedenklich. Es ist eine Trivialität, daß dem Individuum unmittelbar nach einer aggressiven Entladung „wohler" ist, aber es gibt vorerst keinen harten Nachweis dafür, daß sich auf längere Sicht das Aggressionspotential durch Abreagieren verringern läßt (H.-D. Dann, 1971, S. 59 ff.). Man muß vielmehr befürchten, daß sich durch Wiederholung und Erfolgsverstärkung ein unerwünschter Lernprozeß einstellt, der zu einer Steigerung der Aggressivität führt (H. Selg, 1971, S. 30 ff.).

Was den Zusammenhang zwischen Frustration und Aggression betrifft, so ist dieser empirisch vielfach nachgewiesen worden, wenn er auch nicht in der von Dollard u. a. behaupteten Zwangsläufigkeit besteht. Auf Frustration muß nicht immer aggressiv reagiert werden. Generell gilt jedoch, daß sich der Erzieher bemühen sollte, Frustrationen zu vermeiden. Die überlegene Position von Eltern und Lehrern verleitet häufig zu unbedachten und willkürlichen Beschneidungen kindlicher Bedürfnisse, zu Frustrationen also, die sich bei distanzierter Betrachtung als völlig unnötig erweisen würden. Andererseits kommt keine Erziehung völlig ohne Frustration aus. Das Ertragen von unerläßlichen Frustrationen muß von jedem kultivierten Wesen erlernt werden; das Individuum kann auch eine gewisse Frustrationstoleranz entwickeln. Nach einschlägigen Untersuchungen läßt sich über die Erträglichkeit von Frustrationen folgendes sagen: Bei frustrierenden Forderungen, die in Erziehung und Unterricht unvermeidbar sind, muß für Ersatzbefriedigungen gesorgt werden, auch wenn diese so bescheiden sind wie Freundlichkeit, Ermutigung, Anerkennung und Lob. Außerdem wurde festgestellt — und auch das ist pädagogisch außerordentlich bedeutsam — daß rational legitimierte und offen begründete Frustrationen erheblich weniger Aggressionen auslösen als unbegründete und willkürliche; und schließlich erweisen sich auch klar angekündigte und damit erwartete Frustrationen als erträglicher als solche, die unerwartet hereinbrechen (F. Merz, 1965, S. 587 f.).

Nach dem lerntheoretischen Erklärungsmodell, wonach Aggressionen häufig zu subjektiv erlebten Erfolgen führen und sich dadurch verstärken, ergibt sich zunächst als praktische Konsequenz, daß der Lehrer über Schüleraggressionen nicht großzügig hinwegsehen darf. Hier werden Ermahnung, Tadel und angemessene Strafen sinnvoll. Gefährlich aber wäre die Annahme, mit der Härte der Strafe würde die Sicherheit zunehmen, daß die bestrafte Aggression in Zukunft nicht mehr vorkommt. Dagegen erheben sich Einsprüche von zwei Seiten: Unerbittliche Strafen werden erstens ihrerseits wieder als ungerechtfertigte Frustrationen empfunden und provozieren weitere Aggressionen auf Schülerseite; und zweitens wird das schonungslose Vorgehen des Lehrers nach dem Prinzip des Beobachtungslernens von Schülern nachgeahmt, wenn sie sich in ähnlich überlegenen Positionen befinden. Der Lehrer hat nachgewiesenermaßen als Modellperson Einfluß auf das Ausmaß an Aggressionen in seiner Klasse und muß sich deshalb um ein weitgehend aggressionsfreies Verhalten bemühen. Man wird also bei aggressivem Schülerverhalten zu Mitteln greifen, deren Berechtigung vom Schüler eingesehen werden kann und deren Nachahmung durch den Schüler verantwortbar ist.

Hier stellt sich aber die Frage, ob aggressionsfreies Lehrerverhalten auch dann möglich ist, wenn der Lehrer selbst angegriffen und frustriert wird. Hat der Lehrer psychologisch gesehen die Möglichkeit, aus dem Frustrations-Aggressions-Zirkel auszubrechen? Nach dem Konzept von Dollard u. a. scheint dies nicht möglich zu sein. Nach dieser Auffassung müßten sich Schüler und Lehrer in einen circulus vitiosus von Frustration und Aggression geradezu hineinsteigern. Dies mag so lange zutreffen, als der Lehrer auf Provokationen von Schülerseite im Affekt reagiert. Der Lehrer hat aber die Möglichkeit und die Verantwortung, daß der fatale Frustrations-Aggressions-Zirkel von ihm durchbrochen wird. Sein Wissen über die möglichen Entstehungsweisen von Aggressionen versetzt ihn in die Lage, aggressives Störverhalten zwar nicht zu billigen, aber psychologisch zu verstehen, mit ihm zu rechnen und sich nicht überfallartig überraschen zu lassen. Das bedeutet, daß er nicht zwangsläufig im Affekt reagieren muß, sondern daß er sich schon vorausplanend ein vernünftiges Konzept für sein Verhalten zurechtlegen sollte. Auch das gehört zu seinen Aufgaben.

IV. Soziologische Überlegungen zur Entstehung abweichenden Verhaltens

Bisher wurden psychologische Erklärungsversuche für abweichendes Verhalten dargestellt. Nun erhebt sich die Frage, wo die genannten Bedingungen für abweichendes Verhalten entstehen, wo sie produziert werden. Eine mögliche Antwort könnte lauten: im persönlichen Versagen der Erzieher, im pädagogischen Unwissen der Erwachsenen oder in zufälligen schicksalhaften Ereignissen, die dem Kinde und Jugendlichen im Laufe seines Lebens zustoßen. Die Soziologie, soweit am vorliegenden Thema interessiert, gibt sich mit solchen Feststellungen nicht zufrieden. Sie behauptet vielmehr, daß ein soziales System selbst als Mitlieferant der Bedingungen für abweichendes Verhalten in Frage kommt. Die Tatsache, daß die Gesellschaft Abweichler verfolgen und bestrafen läßt, kann nicht darüber hinwegtäuschen, daß sie selbst es ist, die zumindest einen Teil der Bedingungen systematisch aus ihrer Struktur heraus produziert und zuweilen wenig oder nichts unternimmt, um diese Lage zu entschärfen. Dieser Gedanke ist ebenso bedeutsam wie unpopulär, weil er es nicht mehr zuläßt, daß die Verantwortung für deviantes Verhalten dem Abweichler und seinen Erziehern allein zugeschoben wird.

1. Das Problem der hohen Klassenfrequenz

Veranschaulichen wir uns diesen Gedanken am Beispiel der zahlenmäßig überfüllten Schulklassen. An den öffentlichen bayerischen Volksschulen liegt die durchschnittliche Klassenfrequenz derzeit bei 37 Schülern. Klassen mit 50 und mehr Schülern sind keine Seltenheit (R. Ortner, 1971, S. 414 ff.). Volksschullehrer, danach befragt, was sie in ihrer beruflichen Tätigkeit am meisten behindert, geben am häufigsten die viel zu hohen Schülerzahlen in ihren Klassen an (E. Schuh, 1962, S. 112 ff.).

Man kann nun annehmen, daß sich die Disziplinschwierigkeiten mit zunehmender Schülerzahl nicht nur summieren, sondern multiplizieren. In einer Klasse mit 50 Schülern sitzen nämlich nicht nur doppelt so viele sogenannte Störenfriede wie in einer Klasse mit 25 Schülern, sondern es kommt noch folgendes hinzu: Die allgemeine Anonymität nimmt zu, Übersicht und Kontrolleffekt des Lehrers nehmen ab, d. h. für zusätzliche Schüler ergeben sich zusätzliche Gelegenheiten und Anreize zu stören. In großen Klassen werden die Schüler zunehmend weniger individuell angesprochen, sie kommen zunehmend seltener zu Wort, ernten seltener Aufmerksamkeit und Anerkennung und machen sich häufiger auf unerwünschte Weise bemerkbar. Der Lehrer einer großen Klasse ist leistungsmäßig überfordert, produziert mehr unkontrollierte und ungünstige Verhaltensweisen, er verliert häufiger die Fassung, wird aggressiver, und alles dies baut bei den Schülern die Bereitschaft zum Stören auf und wirkt enthemmend. Dies gilt zusätzlich auch für sog. „bravere" Schüler, die in kleineren Klassen nicht stören würden. Die genannten Faktoren und gewiß auch noch andere fördern sich gegenseitig. Damit stehen wir zwar wieder vor psychologischen Zusammenhängen, aber es wird offenbar, daß deren Kenntnis dem Lehrer wenig nützt, denn die entscheidende Ursache dieses Notstandes heißt Lehrermangel.

Hinter dieser lapidaren Feststellung verbergen sich komplexe soziologische und gesellschaftspolitische Zusammenhänge, die sich bis in den Disziplinbereich der Schule hinein auswirken. Man muß also fragen: Wo liegen die gesellschaftlichen Gründe für den Lehrermangel? Welche Merkmale machen einen Beruf in den Augen der Öffentlichkeit attraktiv? Weshalb wurde nicht mehr getan, um das Berufsprestige gerade des Volksschullehrers zu heben bzw. traditionelle Stereotypien und Vorurteile abzubauen? (vgl. Th. W. Adorno, 1965; P. Posch, 1967; A. Combe, 1971, S. 49 ff.).

Die ansteigende Quote an Lehrerstudenten verspricht zwar für die Zukunft eine Linderung des Lehrermangels. Aber schon melden sich Stimmen, die diese Entwicklung aufzuhalten versuchen, indem sie vor einer möglichen Lehrerschwemme warnen; dabei wird jedoch tunlichst verschwiegen, daß in solchen Bedarfsplanungen, auf die man sich beruft, aus finanziellen Erwägungen die Zahl der künftigen Lehrerstellen nur unzureichend angehoben bzw. die Klassenfrequenz immer noch viel zu hoch veranschlagt wird. Dem Lehrer ist also nicht immer geholfen, wenn er die Bedingungen für Disziplinschwierigkeiten kennt, die Gesellschaft aber nicht gewillt ist, Anstrengungen für die Beseitigung dieser Bedingungen zu unternehmen.

An diesem Beispiel zeigt sich, daß sich bei Erklärungsversuchen abweichenden Verhaltens die psychologische Betrachtungsweise durch die soziologische bzw. gesellschaftskritische fruchtbar ergänzen läßt und daß die erforderlichen praktischen Konsequenzen sich nicht nur auf das unmittelbare Erzieherverhalten, sondern bis in den gesellschaftspolitischen Entscheidungsbereich hinein erstrecken müssen.

2. Das Problem der schichtenspezifischen Erziehung

Wenn man unsere Gesellschaft nach Subkulturen differenzieren will, bietet sich dafür die etwas vergröbernde, aber doch sehr gebräuchliche Unterscheidung nach sozialer Mittelschicht und sozialer Unterschicht an. Es ist bekannt, daß in den Familien verschiedener Sozialschichten teilweise unterschiedliche Werte, Normen und Verhaltensmuster vermittelt und auch unterschiedliche Erziehungspraktiken angewendet werden (vgl. z. B. H.-G. Rolff, 1972, S. 70 ff.; B. Caesar, 1972, S. 50 ff.; E. Weber, 1972, S. 129 ff.). Nun bleiben jedoch Mitglieder verschiedener Subkulturen nicht zeitlebens voneinander isoliert, sondern kommen häufig in ein und demselben sozialen Gebilde zu gegenseitiger Interaktion, z. B. in einer Schulklasse. In ihr wird ein Teil der sozialen Unterschicht, der andere Teil der Mittelschicht angehören; auch der Lehrer vertritt zweifellos die Werte, Normen und Verhaltensmuster der Mittelschicht.

Da die anerzogenen Unterschiedlichkeiten einer einheitlichen sozialen Ordnung widersprechen können, sind Bedingungen für den Konflikt gegeben. Verhaltensweisen der Unterschicht werden an denen der Mittelschicht gemessen und leicht als störend und abweichlerisch empfunden und deklariert. Kinder der sozialen Unterschicht können somit geradezu zwangsläufig zu Disziplinstörern werden, wenn sich ihre gelernten Verhaltensmuster, gemessen an den Erwartungen der Mittelschicht, in mancher Hinsicht als höchst unangepaßt erweisen. Die Situation wird für sie vor allem deshalb problematisch, weil soziale Anpassung ja keineswegs eine Sache des guten Willens oder eine Sache einmaliger Belehrung ist, sondern Sache eines langwierigen und komplizierten Lernprozesses. Ihr Milieu hat den Unterschichtangehörigen andere Ziele, Normen und Verhaltensmuster vermittelt, die nicht von heute auf morgen abgelegt und korrigiert werden können.

Dazu einige konkrete Hinweise: Die Schule verlangt Ausdauer und Verzicht auf momentane Bedürfnisbefriedigung zugunsten langfristiger Ziele. In Familien der Mittelschicht werden diese Tugenden ebenfalls hochgeschätzt und gefördert, während Unterschichtkinder eher eine gegenwartsorientierte Werteinstellung in die Schule mitbringen und deshalb weniger geneigt sind, auf unmittelbare Bedürfnisbefriedigung zu verzichten. Diese Tatsache kann sich indirekt auf das Disziplinverhalten auswirken, indem es zu Leistungsrückständen, zu gehäuften Mißerfolgserlebnissen und zu entsprechend störenden Reaktionen kommt, sie kann aber auch auf direktem Wege zu Disziplinlosigkeiten führen, indem die Befolgung unangenehmer Anweisungen verweigert wird.

Ein weiterer schichtenspezifischer Unterschied zeigt sich häufig darin, daß Mittelschichteltern aufgeschlossener für moderne nichtautoritäre Erziehungsmethoden geworden sind und versuchen, bei ihren Disziplinierungspraktiken dem vernünftigen Argumentieren einen wichtigen Platz einzuräumen. Unterschichtkinder dagegen scheinen zuweilen dafür weniger empfänglich zu sein, weil ihre Eltern stärker dazu neigen, einen kommandierenden, drohenden und strafenden Disziplinierungsstil zu pflegen. Diese heterogenen Vorbedingungen führen bei der Disziplinierung einer Schulklasse zu Schwierigkeiten.

Störverhalten im Unterricht ist im besonderen Maße auch mitbedingt durch schulische Mißerfolge und gravierende Leistungsrückstände. Schulversagen bedeutet permanente Frustration. Auch hier bestehen sehr enge Zusammenhänge mit der unterschichtspezifischen Familienerziehung: Begabung und Intelligenz erfahren im vorschulischen Alter keine ausreichende Förderung. Dies macht sich bei Unterschichtkindern sehr deutlich im vergleichsweise primitiven Sprachgebrauch bemerkbar, der eine kognitive Verarmung bedeutet, zu ungleichen Startchancen beim Schuleintritt führt und das spätere schulische Lernen stark behindert (vgl. z. B. B. Bernstein, 1972; U. Oevermann, 1969; P.-M. Roeder, 1971).

Es ging uns hier um den Aufweis von Zusammenhängen, die zwischen abweichendem Verhalten in der Schule und der Tatsache bestehen, daß in ihr Individuen zusammenleben und -arbeiten sollen, die eine sehr unterschiedliche Lerngeschichte hinter sich haben, weil sie aus verschiedenen soziokulturellen Milieus stammen. Diese Zusammenhänge sind zahlreich und komplex und konnten nur angedeutet werden.

3. Robert Mertons Anomietheorie

Der amerikanische Soziologe Robert Merton versucht zu zeigen, wie bestimmte gesellschaftliche Strukturen geradezu einen Druck auf manche Individuen ausüben, sich eher abweichendem als konformem Verhalten zu verschreiben (R. K. Merton, 1957, S. 132). Mertons Theorie der Anomie, d. h. der Regellosigkeit, enthält drei zentrale Strukturmerkmale oder Elemente, die jeweils variieren können: Da gibt es zunächst die von der Gesellschaft festgelegten Lebensziele, an denen der Mensch sein Handeln orientiert. Ein zweites Element bilden die von der Gesellschaft definierten Verhaltensnormen; diese wachen darüber, daß die Ziele gewissermaßen auf anständige Weise verfolgt werden. Drittens schließlich sind noch die in einer Gesellschaft vorhandenen Mittel von Bedeutung, die es ermöglichen, daß Ziele auf normgerechte Weise erreicht werden. Es wurde gesagt, diese drei Elemente können variieren; das bedeutet:

a) die Ziele können für verschiedene Individuen unterschiedlich attraktiv und wichtig sein;

b) die Normen für konformes Verhalten können unterschiedlich stark verinnerlicht sein; und

c) schließlich können die Mittel für manche Mitglieder der Gesellschaft in unterschiedlicher Weise vorhanden oder zugänglich sein.

Konkret kann das bedeuten: Unsere gegenwärtige Gesellschaft suggeriert den Menschen aller Sozialschichten in übertriebenem Maße das hohe Lebensziel des materiellen Erfolges. In anderen Zeiten und Kulturen gab und gibt es auch andere, z. B. auf das Jenseits gerichtete Ziele. Die durch Normen legitimierten Verfahrensweisen zur Erreichung des materiellen Erfolges sind z. B. Aneignung von Kenntnissen und Fertigkeiten, permanente Weiterbildung, Leistung von Überstunden usw. Unter die Mittel schließlich, die es ermöglichen, Ziele auf akzeptable Weise zu erreichen, muß man sehr viele Dinge rechnen, z. B. ein gewisses Startkapital, reiche Kenntnisse, Begabungen, physische Gegenstände oder wichtige Beziehungen zu einflußreichen Persönlichkeiten u. ä. mehr.

Merton hatte ursprünglich nur die Zugangsmöglichkeiten zu legitimen Mitteln im Auge. Seine Schüler Cloward und Ohlin (1959) aber legten großen Wert auf die Tatsache, daß es auch auf die Zugangsmöglichkeiten zu illegitimen Mitteln ankommt, ob und wie man bestimmte Ziele erreicht: Man muß z. B. Kenntnisse besitzen, wie man ein Auto aufbricht, man muß Gegenstände in Form von Einbruchswerkzeugen besitzen, man muß über Personen als Helfer bei kriminellen Aktivitäten verfügen können usw. Alle diese Mittel und die Zugangsmöglichkeiten zu ihnen sind unter den Mitgliedern der Gesellschaft zweifellos unterschiedlich verteilt.

Es ist wichtig zu sehen, daß der soziale Druck in Richtung auf abweichendes Verhalten nicht von einem dieser drei genannten Komponenten abhängt, sondern von der Art ihrer Konstellation. Diese Konstellation kann verschieden sein von Epoche zu Epoche, von Gesellschaft zu Gesellschaft, von Schicht zu Schicht, von Gruppe zu Gruppe.

In Anlehnung an den Soziologen Karl Dieter Opp läßt sich Mertons Anomietheorie thesenartig wie folgt zusammenfassen:

Je intensiver 1. gesellschaftliche Ziele von Personen angestrebt werden,

je weniger sich 2. diese Personen gesellschaftlichen Verhaltensnormen verpflichtet fühlen,

je weniger 3. diesen Personen konforme Mittel bzw. je mehr ihnen abweichende Mittel zur Verfügung stehen, desto größer ist die Wahrscheinlichkeit, daß diese Personen abweichendes Verhalten praktizieren (K. D. Opp, 1968, S. 114).

Fragen wir nun, was diese abstrakte These zur Erklärung abweichenden Verhaltens im Unterricht beizutragen vermag. Veranschaulichen wir den Ansatz an einem Beispiel: Man darf zunächst davon ausgehen, daß von seiten unserer leistungsorientierten Gesellschaft kaum ein bedeutsameres Ziel in unsere Schulen hineingetragen wird als jenes, viel zu wissen und viel zu können. Da man versucht, Wissen und Können zu quantifizieren und meßbar zu machen, wird für einen Schüler das Erreichen dieses so lebensbedeutsamen Zieles identisch mit dem Erreichen guter Noten. Die Zielintensität einer guten Note ist bei Schülern, vielleicht noch mehr bei den Eltern, sehr stark ausgeprägt.

Wichtig war als zweites Element die Intensität der verinnerlichten Verhaltensnormen, die zum Zwecke der Zielerreichung eingesetzt werden sollen: zu nennen wären ausdauernde und sorgfältige Lernarbeit, die Fähigkeit des

Verzichts auf angenehmere Beschäftigungen, Ehrlichkeit und Fairneß beim Leistungsnachweis. Dabei muß man feststellen, daß trotz entsprechender Erziehungsbemühungen von seiten der Eltern das Prinzip der Ehrlichkeit von ihnen selbst zuweilen insoweit durchlöchert wird, als sie ihren Kindern bei häuslichen Aufgaben mehr abnehmen als sie sollten und schulische Unehrlichkeit bei Prüfungen tolerieren, weil sie wahrscheinlich mehr als ihre Kinder selbst um ein gutes Notenbild besorgt sind und die daraus erwachsenden Konsequenzen kennen.

Fragen wir schließlich drittens, wie es um die Verteilung und Zugänglichkeit der Mittel steht, die für den Erwerb von Wissen und Können vorausgesetzt werden müssen. Die Verteilung sozial gebilligter Mittel und Voraussetzungen für den Schulerfolg ist bekanntermaßen heute immer noch höchst unterschiedlich. Unterklassenspezifische Sprachbarrieren behindern den Schüler von Schulbeginn an, den Lehrer in allem zu verstehen, besonders aber daran, sein möglicherweise vorhandenes Wissen und Können adäquat mitzuteilen; viele Kinder haben nicht gelernt, sich langfristige Ziele zu setzen und dafür die Mühe des Lernens und Aufmerkens auf sich zu nehmen; sie wissen auch nicht, wie man lernt und übt; schließlich darf man auch unterstellen, daß manche Eltern keinerlei Beziehungen zu den Lehrern ihrer Kinder haben, die Lehrer also von daher nicht veranlaßt werden, sich intensiver mit Schülern zu befassen, die in schulische Schwierigkeiten geraten. Demgegenüber aber bieten sich für jede Prüfungssituation Mittel und Wege des Unterschleifs an, die den Erwerb guter Zensuren in Aussicht stellen: gute Beziehungen zum Nachbarn und Geschicklichkeit im Umgang mit unerlaubten Hilfsmitteln.

Was könnte gegen diese Art abweichenden Verhaltens getan werden? Es käme wohl darauf an, die Konstellation der drei genannten Strukturmomente zu variieren. Demnach erschiene es sinnvoll,

erstens die hohe Bedeutung und Zielintensität der Zensuren und Zeugnisse zu relativieren, die derzeit das Schulleben beherrschen;

zweitens die Schüler stärker zum Lernen zu befähigen und zu motivieren;

und drittens vor allem für sozial benachteiligte Kinder bessere Start- und Bildungschancen durch den konsequenten Ausbau der Vorschulerziehung herzustellen.

4. Albert Cohens Theorie der Bandenkultur

Der amerikanische Sozialpsychologe Albert Cohen hat sich mit abweichendem Verhalten von Jugendlichen innerhalb ihres Banden- und Cliquenlebens beschäftigt. Mit seiner Theorie, in der sich psychologische und soziologische Einsichten verbinden, lassen sich auch eine Reihe schulischer Disziplinschwierigkeiten erklären.

Bekanntlich werden ja Störverhaltensweisen im Unterricht nicht nur von Einzelschülern produziert, sondern zuweilen sind es Cliquen innerhalb des Klassenverbandes, vor allem in höheren Klassen, die dem Lehrer das Unterrichten zur Qual machen.

Mitglieder solcher Cliquen können auffallen durch ihre schulische Leistungsschwäche, vor allem aber durch provozierende Boshaftigkeit, Rücksichtslosigkeit und Unfairneß, durch Spott und Trotz, durch Freude am Ärger der anderen. Diese negativistische Haltung äußert sich gegenüber der Wohlanständigkeit von Erwachsenen und Gleichaltrigen, gegenüber Lehrern und Mitschülern. Innerhalb der Clique herrschen Zusammenhalt und Solidarität, die Außenwelt aber wird pauschal als feindlich angesehen, und entsprechend gehässig gebärdet man sich ihr gegenüber.

Wie erklärt sich solches Verhalten? Cohen geht von der fundamentalen anthropologischen Tatsache aus, daß jedes menschliche Handeln die Funktion hat, Probleme zu lösen. Es gibt kleine und große Probleme, und nicht jede Handlung löst ein Problem erfolgreich. Eines unserer wichtigsten Probleme im Leben ist das Status- und Anpassungsproblem. Die Übereinstimmung mit unseren Mitmenschen bringt uns ihre Hochschätzung und Anerkennung, ja sie scheint geradezu *das* Richtmaß für die Gültigkeit unseres Handelns zu sein. Derjenige, der mit seinen Ansichten und seinen Verhaltensweisen alleinsteht, „erleidet nicht nur den Verlust seines sozialen Status, sondern kann seine Meinungen wahrscheinlich auch vor sich selbst nicht mit großer Überzeugungskraft durchhalten" (A. Cohen, 1961, S. 42). Wir werden also grundsätzlich bestrebt sein, uns den Anforderungen unserer Umwelt zu fügen — z. B. durch Lernen — um zu Anerkennung und zu einem zufriedenstellenden Status zu gelangen.

Nun kann es sein, daß jemandem die Voraussetzungen jeglicher Art fehlen, um sich den Rollenerwartungen der betreffenden Bezugsgruppe auch nur näherungsweise anpassen zu können. Entsinnen wir uns beispielsweise nur des milieubedingten Defizits an Leistungsmotivation, des Defizits an wichtigen Grundkenntnissen und Grundfertigkeiten, durch das viele Kinder aus der Unterschicht von vornherein in unseren mittelschichtorientierten Schulen schwer benachteiligt sind; diese Kinder verlieren den Anschluß und gelten als faul und dumm. Zusätzlich mag es für manche auch aussichtslos geworden sein, im Bereich einer zerrütteten Familie Wertschätzung und Anerkennung zu erlangen. Solche Kinder und Jugendliche stehen vor einem der schwersten Lebensprobleme, nämlich vor dem Problem der Statuslosigkeit.

Es ist naheliegend, daß man sich von sozialen Bezugssystemen, die nur Mißerfolge bescheren, abwendet. Es ist auch naheliegend, daß man dabei keineswegs in die soziale Isolation gehen will und auch gar nicht zu gehen braucht, weil man sich ja mit anderen Individuen zusammentun kann, die vor den gleichen oder ähnlichen Anpassungsproblemen stehen. Eine neue Gruppe entsteht, in der nun aus den Dingen, zu denen man fähig ist, neue Normen gebildet werden, auch wenn sich diese gegen die Normen der übrigen Umwelt richten sollten. Der amerikanische Publizist Salisbury umreißt die Bedeutung dieser Gruppen für den einzelnen so: „In dem Gang fühlt sich der Junge wichtig. Nirgendwo sonst ist er von Bedeutung. Weder zu Hause (wenn er etwas hat, was als Zuhause be-

zeichnet werden kann) noch in der Schule, wo er kaum
lesen und nichts genug kann, um ihm auch nur ein schwa-
ches Gefühl vollbrachter Leistung zu vermitteln, noch bei
der Arbeit, wo ihn der Meister seine Unterlegenheit und
Bedeutungslosigkeit fühlen läßt. Aber für seine Kamera-
den im Gang ist er wichtig. Er wird gebraucht. Er ist erwünscht, er hat seinen Platz. Sein Gang ist sein Leben.
Wenn die Bande an Ansehen gewinnt, gewinnt er selbst
an Ansehen" (H. E. Salisbury, 1962, S. 34).

Nach Cohen ist die Kultur der Bande *ein* Weg, um An-
passungsprobleme und Statusprobleme zu lösen. Derjenige, der den Statuskriterien der Mittelklasse nicht entsprechen kann, da er die notwendigen Fähigkeiten nicht besitzt, für den es aussichtslos geworden ist, jemals erfolgreich zu sein, der ist sehr leicht geneigt, sich einer Bande
anzuschließen. Denn die Bandenkultur löst dieses Status-
problem, „indem sie Statuskriterien schafft, nach denen
diese Kinder und Jugendlichen zu leben imstande sind"
(A. Cohen, 1961, S. 91).
Mitglieder von Cliquen einer Hauptschulklasse mögen
mit ihrer Umwelt noch nicht total gebrochen haben; aber
die Gruppe als solche kann bereits einen sehr starken
Druck zu abweichendem Verhalten ausüben; sie bietet
dem Schulversager die zuweilen einzige Möglichkeit, zu
Anerkennung und Ansehen zu gelangen, eine Art Berühmtheit zu werden, wenn es darum geht, den so frustrierenden Unterrichtsbetrieb zu sabotieren.

Aus der Sicht des gequälten Lehrers mag solches Verhalten als pure Boshaftigkeit erscheinen. Das ist verständlich.
Dennoch gilt es einzusehen, daß Beurteilungen mit moralischen Kategorien dem komplexen Sachverhalt nicht gerecht werden. Sicherlich ist der Lehrer in seinen erzieherischen Möglichkeiten weitgehend überfordert, wenn gesellschaftliche Bedingungen dafür verantwortlich sind,
daß Individuen ihre elementarsten Status- und Anpas-
sungsprobleme nicht bewältigen können und den schein-
baren Ausweg über die Bandenkultur einschlagen. Weder
steht es in seiner Kraft, den permanent Frustrierten die

Schule viel erträglicher zu machen, noch kann er verhindern, daß deren Feindseligkeiten gegen eine nicht völlig schuldlose, aber unaufgeklärte Umwelt verständnislose, wütende und aggressive Gegenreaktionen hervorrufen, die ihrerseits wieder vom Abweichler als Rechtfertigung für weitere Feindseligkeiten aufgegriffen werden. Der verantwortliche Erzieher sollte aber vermeiden, sich selbst am Zustandekommen dieses Teufelskreises zu beteiligen und ihn dort, wo er bereits vorliegt, aktiv zu durchbrechen versuchen. Darüber wird in den nächsten Kapiteln zu sprechen sein.

V. Einstellungen und Beziehungen des Lehrers zu den Schülern

Im ersten Kapitel wurde der Disziplinbegriff kritisch in Frage gestellt. Gehorsam und Unterordnung — so hieß es sinngemäß — sind keine Eigenschaften, die von vornherein das Prädikat des Tugendhaften verdienen. Sie können im Erziehungsbereich auch gar nicht mit derselben Rücksichtslosigkeit erzwungen werden wie anderswo, wo Disziplin verlangt wird, wenn nicht der Zweck selbst verfehlt werden soll, dem schulische Disziplin als Mittel dient. Andererseits aber wurde durch den Hinweis auf Quantität und Vielfalt abweichenden Schülerverhaltens auch klargelegt, daß die Grenzen tolerierbarer Unangepaßtheit zuweilen weit überschritten werden. In den weiteren Kapiteln wurde dann das Zustandekommen abweichenden Schülerverhaltens zu erklären und zu verstehen versucht, wobei auch bereits einige erziehungspraktische Maßnahmen angesprochen wurden. Auf das letztere soll im weiteren Verlauf der Schwerpunkt gelegt werden. Was kann und soll der Lehrer tun — vorbeugend und im akuten Konfliktfall —, damit die Zusammenarbeit zwischen ihm und den Schülern gewährleistet und Kontroversen im Bereich des Erträglichen gehalten werden können? Generell kann man sagen, daß sich Maßnahmen des Lehrers im Hinblick auf abweichendes Schülerverhalten zumeist dann als geeignet erweisen, wenn sie rational und distanziert erfolgen und nicht unreflektiert und spontan-emotional.

Dies bedeutet als erstes, daß der Lehrer seine Vorstellungen und Erwartungen von sich selbst kritisch prüfen und korrigieren muß. Vor allem der Junglehrer und schon der in der Ausbildung befindliche Student müssen sich Fragen stellen: Haben meine auf den zukünftigen Beruf projizierten Vorstellungen und Erwartungen einigermaßen realistische Substanz oder sind es Wunschträume? Erliege ich leicht der Gefahr, mich schon im voraus in der Position des Erfolgreichen zu sehen? Hat überhaupt der Gedanke in meinen Überlegungen einen Platz, daß das professionelle Übel des Lehrer-Schüler-Konflikts auch mir einmal schwer zusetzen könnte?

Derartige Fragen sollten nicht vorzeitige Resignation entstehen lassen, sondern nur verhindern helfen, daß das besagte Problem aus dem Bewußtsein verdrängt wird. Diese und ähnliche Fragen muß sich aber auch der Lehrer stellen, wenn er seinen Unterricht vorbereitet und unmittelbar bevor er seine Klasse betritt.

Es ist zwar prinzipiell richtig, daß sich Disziplinstörungen durch einen gut vorbereiteten Unterricht vermindern lassen. Aber gerade derjenige Lehrer, der früher selbst einmal ein pflichtbewußter Schüler war und der jetzt seinen Unterricht mit viel Aufwand und Fleiß vorbereitet, fällt besonders leicht in den Fehler, allzu große Erwartungen in den Erfolg seiner Darbietung zu setzen und bei Unterrichtsstörungen der Schüler allzu enttäuscht und allzu empfindlich zu reagieren. Seine Enttäuschung wird mit Sicherheit geringer sein, wenn er bereits negatives Schülerverhalten mit einkalkuliert.

Rationales und distanziertes Verhalten setzt als zweites voraus, daß der Lehrer eine neue Einstellung zum Phänomen des abweichenden Verhaltens selbst gewinnt, daß er ernsthaft versucht, dieses Verhalten mit psychologischen und weniger mit moralischen Kategorien zu erfassen. Hilfreich wird ihm dabei sein, wenn er wichtige theoretische Erklärungsgründe, wie sie bereits erörtert wurden, kennt.

Es ist aber auch unerläßlich, daß der Lehrer die ihm sich bietenden Möglichkeiten der Information über einzelne erziehungsschwierige Schüler zum Zwecke besseren Verstehens ausschöpft: Körperliche Besonderheiten, Gesundheitszustand, frühkindliche Verhaltensbesonderheiten, zurückliegende familiäre Schicksale, gegenwärtige Familienkonstellation, Wohnverhältnisse, Freizeitmilieu, bisherige Schullaufbahn, Charaktermerkmale, besondere Interessen, soziale Kontaktfähigkeit u. ä. geben wichtige Hinweise, die sich der Lehrer durch aufmerksame Verhaltensbeobachtung, durch Elterngespräche, durch Gespräche mit dem Schüler selbst sowie durch Schüleraufsätze, Tests und Soziogramme beschaffen kann (vgl. H. A. Müller, in W. Horney, 1964, S. 120—144).

Zusammenfassend kann man festhalten: Wenn sich der Lehrer von der Überschätzung seiner Fähigkeiten und Erfolgsaussichten freimacht, wenn er auf Wissen und Einsicht in die generellen Entstehungsgründe abweichenden Verhaltens zurückgreift und wenn er sich zudem noch konkrete Informationen über einzelne Schülerindividualitäten verschafft, dann wird er in der Lage sein, einen Einstellungswandel hinsichtlich des Lehrer-Schüler-Konflikts zu vollziehen. Das heißt, er wird diesen Konflikt anders wahrnehmen und anders beurteilen; er wird sich auf ihn einstellen als unvermeidbare professionelle Grundgegebenheit und als eine an ihn gerichtete Aufgabe.

Von unmittelbar praktischer Bedeutung ist dieser Einstellungswandel auf zweierlei Weise: Einmal wird derjenige Lehrer, der mit Störungen rechnet, der auf sie gefaßt ist und über mögliche Ursachen und Zusammenhänge Bescheid weiß, bei ihrem Auftreten nicht überfallartig überrascht und weniger emotional erfaßt als im umgekehrten Fall. An früherer Stelle wurde bereits darauf hingewiesen, daß ganz generell Frustrationen dann als weniger gravierend empfunden werden, wenn man sich auf sie bereits eingestellt und ihre Unvermeidbarkeit begriffen hat. Damit werden Frustrationen — in unserem Fall Disziplinstörungen — zwar noch nicht objektiv vermindert, aber doch in ihrer subjektiven Auswirkung verringert; und das ist für den von Frustrationen Betroffenen zunächst entscheidend. Zum andern aber ist derjenige Lehrer, der mit Disziplinkonflikten rechnet, sich auf sie einstellt und diese nicht verdrängt, auch am ehesten imstande, ein vernünftiges Konzept, eine nützliche Strategie zur Reduzierung von Disziplinkonflikten zu entwickeln. Der Einstellungwandel ist eine Voraussetzung für die Verbesserung des Erzieherverhaltens.

Wenden wir uns nun dem Verhaltensbereich zu. Von einer Verbesserung des Lehrerverhaltens ist dann zu sprechen, wenn sich die Lehrerrolle im Hinblick auf Situationen des Disziplinkonflikts immer mehr von der Rolle eines verärgerten Moralisten, eines gereizten Polizisten und eines triumphierenden Strafvollzugsbeamten entfernt und eine gewisse Ähnlichkeit mit der Rolle eines Psychotherapeuten gewinnt.

Der Lehrer als Psychotherapeut! Ist das nicht eine neue Variante der vielen Überforderungen des Lehrers? Was sollte der Lehrer denn noch alles können? Wo und wie soll er sich diese geheimnisumwitterten Beeinflussungskünste des sogenannten Psychotherapeuten aneignen? Dem ist zu entgegnen, daß seit jeher erfolgreiches Erzieherverhalten und erfolgreiches psychotherapeutisches Verhalten aus einigen gemeinsamen Grundmerkmalen bestehen, wobei man sich dieser Gemeinsamkeiten erst allmählich bewußt zu werden beginnt (vgl. F. Stemme, 1970, S. 146 ff.; S. 155 ff.). Was gegen Ende des 18. Jahrhunderts Heinrich Pestalozzi unter 80 verwahrlosten Kindern im Waisenhaus zu Stans realisierte, dürfte sich in seiner Grunhaltung kaum von dem unterschieden haben, was moderne Erzieher unter Berufung auf psychotherapeutische Prinzipien empfehlen. Allgemein ausgedrückt handelt es sich um die planmäßige Herstellung und Pflege positiver emotionaler Beziehungen. Positive emotionale Zuwendung scheint der Abweichler, der Störenfried, der Freche, der Aufsässige am allerwenigsten „verdient" zu haben, wie man sich in moralischer Wohlgefälligkeit auszudrücken pflegt. Aber gerade er bedarf dieser Zuwendung am allerdringlichsten, wenn sich sein Verhalten bessern soll.

In seinem Stanser Brief drückt dies Pestalozzi so aus: „Vor allem wollte und mußte ich das Zutrauen der Kinder und ihre Anhänglichkeit zu gewinnen suchen. Gelang mir dieses, so erwartete ich zuversichtlich alles übrige von selbst" (J. H. Pestalozzi, 1962, S. 22). Der in der erzieherischen Beeinflussung jugendlicher Verwahrloster erfolgreiche Wiener Pädagoge und Freud-Schüler August Aichhorn schreibt: „Der Fürsorgeerzieher wird sich ... bewußt so benehmen, daß in seinem Zögling Gefühle der Zuneigung zu ihm entstehen, und vorbereitet sein, daß wirksame Erziehungsarbeit so lange unmöglich ist, als diese fehlen" (A. Aichhorn, 1957, S. 107). Auch der Erziehungspsychologe Rudolf Dreikurs, der sich in den USA speziell mit unterrichtlichen Disziplinschwierigkeiten auseinandergesetzt hat, äußert sich in diesem Sinne: „Man kann niemand beeinflussen, wenn nicht zuvor eine freundliche Beziehung hergestellt worden ist" (R. Dreikurs, 1967, S. 70).

Für die Herstellung und Aufrechterhaltung positiver emotionaler Beziehungen ergeben sich im wesentlichen drei Forderungen:

1. Ausdruck von Wertschätzung, Achtung und emotionaler Wärme,

2. Verstehen psychischer Vorgänge beim anderen und verbale Kundgabe dieses Verstehens,

3. echtes, aufrichtiges und ungekünsteltes Verhalten des Erziehers (R. u. A. Tausch, 1971, S. 159).

Mit den beiden ersten Punkten müssen wir uns näher befassen. Zunächst einiges zu den Äußerungen der Wertschätzung.

Wertschätzung des Erziehers gegenüber Kindern und Jugendlichen äußert sich in Toleranz, Geduld, Achtung, Hilfe, Höflichkeit, Warmherzigkeit, Ermutigung, Lob und ähnlichen Verhaltensmerkmalen. Man weiß heute, daß im Umgang mit erziehungsschwierigen Kindern diese Äußerungsformen von ganz besonderer Wichtigkeit sind. In der Erziehungspraxis fällt es jedoch außerordentlich schwer, sie zu realisieren. Dem abweichenden Schüler gegenüber neigt man viel eher zu Äußerungen der Geringschätzung, d. h. zu Intoleranz, Ungeduld, Unbeherrschtheit, Verärgerung, Verachtung, Beleidigung und ähnlichem.

Um das Lehrerverhalten diesbezüglich beurteilen zu können, um dem Lehrer nach längerer Beobachtung seines Verhaltens sagen zu können, inwieweit er generell mehr zu Wertschätzung bzw. Geringschätzung neigt, haben der Erziehungspsychologe Reinhard Tausch und Mitarbeiter eine siebenstufige Einschätzungsskala entworfen, in die sich ganz konkrete Lehreräußerungen einordnen lassen. Diese Skala reicht vom positiven Extremwert +3 über Null bis zum negativen Extremwert —3. Der Anschaulichkeit halber seien einige Beispiele zitiert (R. u. A. Tausch, 1971, S. 332 ff.).

Stufe —3: „Jetzt blamier' ich dich bis auf die Knochen." — „Das kann auch nur von dir kommen, Mensch." — „Du Idiot, wenn du noch mal so'n Quatsch sagst, scheuer' ich dir eine!"

Stufe —2: „Du machst nur Käse heute." — „Stell dich mal hin, dann rutscht es vielleicht besser in dein Gehirn!"

Stufe —1: „Manfred, weiter vorlesen!" — „Das habe ich auch schon schneller gesehen, Roswitha!"

Stufe 0: „Nein, jetzt nicht schreiben!" — „Ja, Karl, morgen." — „So wie immer."

Stufe +1: „Wiederhole bitte noch einmal!" — „Nein, diesmal irrst du dich." — „Was meinst du zu dem, was H. gesagt hat?"

Stufe +2: „Bitte schön, du wolltest noch etwas sagen." — „Das war eine sehr ansprechende Leistung von dir."

Stufe +3: „Es hat mir Freude gemacht, mit euch zu arbeiten, ich war gern mit euch zusammen." — „Das habe ich gar nicht bemerkt, entschuldigt bitte mein Versehen." — „Ich danke euch für euere Unterstützung."

Wenn dann bei Stufe +3 z. B. noch hinzukommt: „Ich wünsche, meine eigenen Kinder würden später auch so sachlich diskutieren können, wie ihr es gerade getan habt", dann spürt man, daß auch im Bereich der Wertschätzung die Gefahr der Übertreibung gegeben sein kann. Ganz generell muß man sagen, daß die moderne pädagogische Forderung nach größerer Achtung vor dem Schüler nicht selten mißverstanden wird. Wertschätzung und emotionale Wärme pervertieren gewiß dann, wenn der Lehrer permanent eine Maske übertriebener Freundlichkeit aufsetzt.

Es kann also nicht darum gehen, bei allen Lehreräußerungen auf der vorliegenden Skala die Stufe +3 zu erreichen, sondern es ist wahrscheinlich empfehlenswert, sich durchschnittlich im Mittelbereich bei leichter Tendenz zum Positiven zu bewegen. Die frustrierenden und disqualifizierenden Lehreräußerungen auf Stufe —2 und —3 aber sind in höchstem Maße destruktiv für das Lehrer-Schüler-Verhältnis. Sie sind nur als Entladungen affektiver Stauungen erklärbar, Symptome eines Lehrers, der die Kontrolle über sich bereits verloren hat. Mit Sicherheit würden sich solche Lehrer wesentlich zurückhaltender äußern, wenn sie in der gleichen Situation Erwachsene und nicht Kinder vor sich hätten. Das weist wiederum darauf hin, daß Lehrerverhalten oftmals ein weitgehend emotional-reaktives Verhalten und nicht ein rational gesteuertes Verhalten ist.

Die Bedeutung der Zuwendung zum Partner durch positive Gefühlsäußerungen beruht darauf, daß diese Gefühlsäußerungen von ihm in der Regel in entsprechender Weise beantwortet werden. Tausch spricht hier von sog. „reziproken Affekten" (R. u. A. Tausch, 1971, S. 115 ff.). Reziprok heißt in diesem Zusammenhang so viel wie wechselseitig, aufeinander bezogen, erwidernd. Gefühle und Affekte, die von einer Person geäußert werden, wirken gewissermaßen ansteckend auf andere. Aus den früheren Ausführungen über die Frustrations-Aggressions-Theorie ist uns bekannt, daß Äußerungen von Antipathie, Geringschätzung, Verachtung und Beleidigung frustrierend wirken und beim Betroffenen ähnliche Reaktionen hervorrufen können. Ebenso wichtig aber ist, daß auch Freundlichkeit, emotionale Wärme, jede Art von positiver Zuwendung auf seiten des Lehrers zu analogen Gefühlen und Äußerungen auf seiten der Schüler führen. Sicherlich darf man nicht übersehen, daß der beschriebene Vorgang auch in seiner umgekehrten Richtung beobachtbar ist: Wenn sich Schüler beispielsweise unruhig, erregt oder feindselig verhalten, wird sich dies zumeist auch auf die Gefühlslage und das Verhalten des Lehrers auswirken. Dies wird natürlich um so eher der Fall sein, je mehr ein Lehrer rein emotional reagiert. Sein psychologisches Wissen sollte ihn aber befähigen, sein Verhalten rational und nicht emotional zu steuern und die Initiative zur positiven Verhaltensänderung zu ergreifen.

Die Herstellung und Pflege positiver emotionaler Beziehungen hängt also — und das ist außerordentlich bedeutsam — beträchtlich davon ab, inwieweit der Lehrer fähig ist, durch Kontrolle seiner Emotionen die Stimmungslage der Klasse zu beeinflussen. Dies gilt noch in gesteigertem Maße für die stets gefährdeten Beziehungen zwischen ihm und solchen Schülern, die Disziplinschwierigkeiten bereiten. Er sollte ihnen gegenüber nicht nur nicht nachtragend sein, sondern nach Gelegenheiten suchen, bei denen er seine prinzipielle Achtung und Wertschätzung zum Ausdruck bringen kann. Gerade das Verhalten von leistungsschwachen und erziehungsschwierigen Schülern bedarf in besonderem Maße der positiven Veränderung; viele Lehrer mögen auch ehrlich um deren Besserung bemüht sein. Aber gerade solchen Schülern gegenüber werden erwiesenermaßen bedeutend mehr negative Affekte ausgedrückt als gegenüber angepaßten Schülern — und zwar auch in ganz neutralen Situationen.

Äußerungen der Wertschätzung führen also nach dem Prinzip der reziproken Affekte zu entsprechend positiven Gefühlen und Einstellungen auf Schülerseite. Damit werden positive zwischenmenschliche Beziehungen — eine Grundvoraussetzung erzieherischer Beeinflussung — hergestellt und aufrechterhalten. Daneben darf man aber noch eine Reihe anderer wichtiger Auswirkungen annehmen. Zweitens nämlich wird durch Wertschätzung, Wärme und Zuneigung eine Verminderung kindlicher Ängste und Unsicherheiten erreicht; drittens wird durch sie das Lernen durch Erfolg begünstigt; viertens geben Personen, die solche Gefühle äußern, geeignete Modelle für Imitationslernen ab; fünftens werden Personen, von deren positiven Gefühlen man selbst angesprochen wird, eher imitiert; und sechstens befriedigen positive emotionale Affekte eines Partners ein menschliches Grundbedürfnis nach angenehmen zwischenmenschlichen Beziehungen und führen dadurch zu einer besseren psychologischen Funktionstüchtigkeit des Individuums (R. u. A. Tausch, 1971, S. 327 f.).

Wertschätzung des anderen wurde hier unter dem speziellen Zielaspekt der Verhaltensbeeinflussung behandelt. Dabei könnte sich der falsche Eindruck einstellen, Achtung und prinzipielle Wertschätzung würden in erster Linie nur deshalb empfohlen, weil es sich um ein effektives psychotechnisches Mittel aus der Trickkiste moderner Pädagogik handelt. Wir müssen uns aber bewußt bleiben, daß Anerkennung und Wertschätzung humane Postulate bedeuten, deren Wert in ihnen selbst liegt. Erst aus dieser Einsicht resultieren Echtheit und Ungekünsteltheit unseres Verhaltens.

Eine zweite wichtige Bedingung für die Herstellung und Pflege positiver emotionaler Beziehungen, so wurde gesagt, ist das Verstehen psychischer Vorgänge des anderen und die verbale Kundgabe dieses Verstehens. Dieses Phänomen hängt mit dem der Wertschätzung zusammen. Wer den anderen versteht und dies zu erkennen gibt, achtet und schätzt ihn auch.

Psychologisches Verstehen läßt sich folgendermaßen umschreiben: Man ist bestrebt, sich die subjektive Welt eines anderen Individuums vorstellungsmäßig zu vergegenwärtigen; man versucht, sich in die Lage des anderen zu versetzen, um seine Wahrnehmungen, Gefühle, Interessen, Wünsche und Motive zu begreifen (R. u. A. Tausch, 1971, S. 349). Sprache und Verhalten des anderen sind der Hauptzugang zu dessen Verständnis. Beim Verstehen allein soll es jedoch nicht bleiben; im Sinne der Gesprächspsychotherapie soll hinzukommen, daß der Lehrer die vergegenwärtigten Empfindungen und Motive dem Schüler gegenüber in verständlicher Weise ausspricht und bewußtmacht. Er hält ihm gewissermaßen einen psychologischen Spiegel vor, wodurch der Schüler sich selbst und sein Verhalten besser verstehen lernt.

Es mag zunächst ungewöhnlich erscheinen, daß der Lehrer die Erlebniswelt eines Schülers verbalisieren soll, aber psychologische Erfahrungen haben gezeigt, daß diese Methode sehr gut geeignet ist, Konfliktsituationen zu bereinigen und wichtige soziale Erfahrungen zu vermitteln (F. Stemme, 1970, S. 201). Dieses Verhalten mag auch insofern etwas schwierig zu realisieren sein, als ja der Erzieher selbst mit psychischen Problemen belastet ist und zuweilen annimmt, seelische Vorgänge anderer Menschen müßten in etwa auch seinen eigenen entsprechen. Erste Versuche mögen außerdem unbeholfen und gekünstelt ausfallen, was sich jedoch durch Übung beheben läßt.

Was konkret mit Verstehen und Verbalisieren von Erlebnisinhalten gemeint ist, läßt sich am besten durch Beispiele veranschaulichen: Ein neuer Lehrer betritt zu Schuljahrsbeginn zum erstenmal die Klasse. Die Schüler erheben sich von ihren Plätzen, worauf ihnen der Lehrer bedeutet, sie könnten sich wieder setzen. Jonas, der Störenfried der Klasse, bleibt jedoch, wie vorher bereits vereinbart, stehen. Der Lehrer darauf: „Auch du darfst dich setzen!" Jonas aber gibt mit todernster Miene zu verstehen: „Ich bin gelähmt in den Knien, von Kindesbeinen an . . . ich muß immer stehen . . . den ganzen Vormittag" (entn. E. Wichert: Der Todeskandidat. In: A. Reble, Hrsg., 1968, S. 65). Nun stellt sich die Frage, wie der Lehrer auf derartige Provokationen sinnvoll reagieren sollte. Unter Studenten eines Pädagogikseminars, in dem das Verstehen und Verbalisieren geübt wurde, einigte man sich auf folgende Möglichkeit, die als die günstigste angesehen wurde: In sachlichem Tone könnte der Lehrer etwa sagen: „Meine Herren, ich bin für euch ganz neu! Und bei einem neuen Pauker ist man neugierig, man fragt sich, was ist das denn für einer, wie reagiert er denn eigentlich, wenn wir ihn hereinlegen . . .?" Und zu Jonas gewandt: „Und du bist hier derjenige, der den neuen Lehrer testen soll, nicht wahr!" Mit folgender Frage an die Klasse könnte die heikle Lage des Lehrers überbrückt werden: „Übrigens, wie sollte sich denn nach eurer Meinung der ideale Lehrer aus einer solchen Affäre ziehen?"

Hier wird also zunächst versucht, zu verstehen und zu verbalisieren, was Schüler in einer bestimmten Situation denken und wollen. In weniger dramatischen Fällen kann der

Lehrer schon durch kurze Bemerkungen sein Verständnis zum Ausdruck bringen: „Du ärgerst dich, aber er wollte dich nicht auslachen, er fand es nur so komisch, und da mußte er eben lachen!" — „Es ist dir unangenehm, vor allen hier zu sprechen!" — „Ihr seid schon müde, aber in 5 Minuten wird es läuten!" Der Lehrer sollte auch und vor allem dann sein Verständnis zu erkennen geben, wenn einem Schüler oder der Klasse Ermahnung, Tadel und andere negative Sanktionen nicht erspart werden können: „Ich kann mir vorstellen, du hattest große Angst, es zuzugeben, aber mit deiner Ausrede hast du die Sache noch schlimmer gemacht!" — „Ich verstehe, wenn man etwas weiß, will man es auch sagen, aber wenn du immer dazwischenrufst, hinderst du einfach die anderen daran, sich die Frage selber zu überlegen!" — „Ich weiß aus eigener Erfahrung, wie reizvoll es sein kann, wenn man als Schüler einen Lehrer in Verlegenheit bringt. Aber was ihr macht, ist sehr unfair, denn gegen anonyme Boshaftigkeiten bin ich wehrlos!" — „Eure Wut auf den Hausmeister kann ich mir zwar gut vorstellen, aber dieser Gummibaum muß auf eure Kosten ersetzt werden!"

Auf eine Gefahr dieser Methode muß allerdings hingewiesen werden: Das Verbalisieren von Motiven abweichenden Verhaltens kann mitunter auch peinlich und beschämend wirken, wenn kein ausreichendes Vertrauensklima vorhanden ist. Dies gilt vor allem dann, wenn Deutungen intimer Probleme öffentlich vorgenommen werden.

Positive zwischenmenschliche Beziehungen sind es, die ganz allgemein durch Verstehen und Verbalisieren von Erlebnisinhalten gefördert und erhalten werden sollen. Im einzelnen erhofft man sich noch folgende positive Auswirkungen von diesem Erzieherverhalten: Kinder und Jugendliche fühlen sich besser verstanden und empfinden dabei Wertschätzung und emotionale Wärme. Gefühle der Angst und Bedrohung werden reduziert, eigene belastende Probleme werden erträglicher. Durch Verständnis wird außerdem die Vertrauensbasis gestärkt: Der Jugendliche sieht im Erzieher eine Person, der er sich bei künftigen persönlichen Schwierigkeiten vertrauensvoll zuwenden kann. Der Jugendliche erfährt auch das Forschen und Suchen des Erziehers nach Motiven und Beweggründen und wird dadurch angeregt, sich selbst mehr als bisher eigene Gefühle und Motive bewußt zu machen. Und schließlich wird der Jugendliche stimuliert, gefühlsmäßige Vorgänge bei Gleichaltrigen und Erwachsenen aufmerksamer wahrzunehmen und zu berücksichtigen. Er wird sich also durch Beobachtungslernen das aneignen, was durch das Modellverhalten des Erziehers ihm gegenüber in Anwendung gebracht wurde (R. u. A. Tausch, 1971, S. 359 ff.).

VI. Die Bedeutung der unterrichtlichen Rahmenbedingungen

Hoch entwickelte Kulturen verpflichten den jungen Menschen, über viele Jahre hinweg die Schulbank zu drücken. Er muß, um mündig und frei zu werden, auf die augenblickliche Freiheit, ganz Kind zu sein, verzichten. In Schulen organisiertes Lernen bringt für Kinder und Jugendliche mancherlei Zwänge, Einschränkungen und Opfer mit sich, die, auch wenn sie beträchtlich sind, auferlegt und ertragen werden müssen, weil sie sich aus kulturellen Notwendigkeiten heraus als unvermeidlich rechtfertigen lassen. Wenn, um ein Beispiel anzuführen, etwa 30 bis 40 Prozent unserer Schüler körperliche Haltungsschäden aufweisen, so kann man dagegen zwar Ausgleichssport empfehlen und das Schulmobiliar zu verbessern suchen (vgl. W. Wigand, 1968), aber man kann Kindern und Jugendlichen unserer Gesellschaft nicht mehr die ihren Bedürfnissen entsprechende Bewegungsfreiheit zurückgeben; die mit dem heutigen Schülerdasein zwangsläufig verknüpfte Lebensweise verbietet es. Daß Schülersein ein harter Beruf geworden ist, daß kulturelle Notwendigkeiten vom Kind subjektiv als frustrierend erlebt werden, daß Schüler sich gegen objektiv gerechtfertigte Zwänge der Schule wehren und gegen Schuldisziplin verstoßen, sollten wir zu verstehen versuchen.

Aber es sind nicht allein und auch nicht größtenteils die objektiv unvermeidbaren Bedingungen, die für abweichendes Schülerverhalten verantwortlich sind; viele vermeidbare Bedingungen kommen hinzu. Fragen wir einmal, was sich am schulischen Unterricht zugunsten einer Reduzierung von Disziplinkonflikten verbessern ließe. Nur einige solcher Rahmenbedingungen können herausgegriffen werden. Dabei ist zu sehen, daß deren Beseitigung die Kompetenz des einzelnen Lehrers teilweise übersteigt; das an früherer Stelle erörterte Problem der hohen Klassenfrequenzen ist ein entsprechendes Beispiel. Andererseits aber ist der Handlungsspielraum des Lehrers, seine pädagogische Freiheit, nicht so eng begrenzt, daß er die von außen gesetzten Rahmenbedingungen nur resignierend zur Kenntnis nehmen muß. Der Lehrer trägt, wie es z. B. in Art. 38 des Bayerischen Volksschulgesetzes heißt, „die unmittelbare pädagogische Verantwortung für den Unterricht", und das bedeutet auf unser Problem übertragen, daß es ihm erlaubt sein muß, in verantwortlicher und begründeter Weise so zu unterrichten, daß auch ein günstiges Sozialklima und erträgliche Arbeitsbedingungen gewahrt bleiben.

Dieses Problem der pädagogischen Freiheit ist besonders dort akut, wo es um die vom Lehrer zu treffende Auswahl von Lerninhalten geht, die im Unterricht zu vermitteln sind. Bildungsplänen gegenüber wird dem Lehrer ein gewisses Wahl- und Gestaltungsrecht zugestanden. Dies ist auch dringend erforderlich, weil solche Pläne zum Teil Inhalte aufweisen, die weder lebensdienlich noch besonders kulturerschließend sind, geschweige denn, daß sie das Interesse der Schüler auch nur annäherungsweise tangieren. Daß wir das Schülerinteresse nicht zum alleinigen Auswahlkriterium für den Lernstoff machen können, bedarf keiner Hervorhebung; daß wir dieses Schülerinteresse aber völlig ungerechtfertigt mißachten, entgeht uns häufiger, als wir gerne wahrhaben möchten. Wir vermitteln und prüfen viele Dinge, die langweilig, frustrierend und obendrein überflüssig sind; aktuelle Erfordernisse und echte Probleme kommen zu kurz.

Im Sachunterricht beispielsweise herrscht Stoffüberfülle, die zur Vermittlung relativ belangloser Äußerlichkeiten verführt. Die Beschränkung auf das Exemplarische bleibt ein akademisches Bekenntnis; Scheinexaktheit und totes Wissen triumphieren: Geburtsjahre, Sterbejahre, Gründungsjahre, Kriegs- und Eroberungsjahre; Nebenflüsse, Bergeshöhen, Einwohnerzahlen, Niederschlagsmengen; Knochenbezeichnungen, Gebißformeln, Blütenstände oder die Fortpflanzungsweise von Seeigeln und ähnliches mehr mögen zwar leidlich unbedeutend und uninteressant sein, aber es sind Daten, Namen und Fakten, die sich leicht prüfen lassen und überdies nach außen einen gewissen Anschein von Wissenschaftlichkeit erwecken. In Fibeln und Lesebüchern finden sich immer noch antiquierte und realitätsverniedlichende Inhalte. Im Religionsunterricht, der vom Disziplinkonflikt mit am stärksten betroffen ist, werden mehr Absichten verfolgt als Einsichten vermittelt. Man leugnet hartnäckig die Tatsache, daß sich die Besucher öffentlicher Schulen, auch wenn sie getauft sind, nicht mehr samt und sonders als junge Gemeinde von Gläubigen ansprechen lassen. Man trägt spezifische Formen und Inhalte kirchlicher Frömmigkeit in die Schule, verkündet mit missionarischem Eifer konfessionsspezifische Dogmen, läßt sprachlich unverständliche Texte auswendig lernen und will nicht wahrhaben, daß man in solchen Stunden Gleichgültigkeit, Aversion und Aggressivität provoziert. Die von modernen Religionspädagogen in den Vordergrund gestellte Aufgabe, gemäß dem heutigen Selbstverständnis der Schule in allen Fächern Welt zu eröffnen und verstehbar zu machen, also auch im Religionsunterricht Information, Interpretation, Aufklärung und Ideologiekritik zu betreiben, bleibt vorerst weithin unberücksichtigt (vgl. H. Halbfas, 1969). Im unzeitgemäßen und deshalb ebenfalls so störanfälligen Musikunterricht wird die gegenwärtige Musik unserer Jugend noch immer weitgehend ausgeklammert. Stattdessen quält man die große Mehrheit derjenigen, die kein Instrument spielen, mit dem Symbolsystem der Noten, mit Akkordverbindungen oder der Sonatensatzform. Man verlangt noch in Klassen älterer Schüler, daß auf Kommando gemeinsam gesungen wird und wundert sich, wenn die Stunde zu einer einzigartigen Komödie ausartet. Warum singt ein Mensch überhaupt? Singt er, weil ihm etwas Bestimmtes gut gefällt und weil er gerade Lust hat, oder sollte er auch zum Singen gezwungen werden können? Die Nötigung einer ganzen Klasse, subtile emotionale Gehalte geschlossen und auf Kommando zu reproduzieren, muß dazu führen, daß Jugendliche, die ihre kindliche Naivität abgelegt haben, mit destruktiver Komik oder offener Weigerung reagieren.

Bei all diesen und ähnlichen Beispielen wird zuweilen von älteren Schülern die Frage gestellt, wozu derartiges eigentlich betrieben und gelernt werden soll. Aber schon solche Fragen gelten in der Regel als undiszipliniert. Selten versucht der Lehrer, von sich aus die Behandlung eines Themas zu begründen. Dabei wäre dies für Motivation und Mitarbeit der Schüler außerordentlich wichtig. Anstatt sein Vorhaben zu rechtfertigen und Einsichten in die Notwendigkeit des Lernens herzustellen, greift der Lehrer bei Unterrichtsbeginn häufig zu der alles andere als mitreißenden Einleitungsfloskel: „Wir wollen heute einmal ... " usw. Daß von Wollen meistens keine Rede sein kann, zeigt der weitere Unterrichtsverlauf. Daß etwas Neues gelernt werden *muß* und aus welchen Gründen dies zu geschehen hat, sollte der Lehrer aussprechen und nicht verschleiern.

Eine weitere Bedingung für abweichendes Verhalten wird man in der Unterdrückung der Schüleraktivität durch die Unterrichtsweise des Lehrers sehen müssen. Die Einschränkung physischer Bewegungsfreiheit — so wurde gesagt — ist mit dem Schülerdasein relativ unvermeidlich gegeben, die Einschränkung geistiger Aktivität jedoch bräuchte es nicht zu sein.

Geistige Aktivität realisiert sich vornehmlich im Sprechen und speziell im Finden und Stellen von Fragen. Der Erziehungspsychologe Reinhard Tausch konnte feststellen, daß Lehrer ihren Anteil der im Unterricht gesprochenen Wörter weit unterschätzen und daß sie im Durchschnitt etwa 40 bis 50 mal so viel sprechen, wie dies im Durchschnitt dem einzelnen Schüler möglich ist (R. Tausch, 1962). In Extremfällen vervielfacht sich diese Zahl. Eine andere Untersuchung Tauschs in Klassen des 3. und 4. Schülerjahrgangs ergab, daß der einzelne Schüler durchschnittlich alle drei Tage eine Frage an den Lehrer richten kann, während der Lehrer in diesem Zeitraum der Klasse etwa 800 Fragen stellt (R. Tausch, 1960).

Daraus läßt sich ermessen, wie wenig Spielraum dem einzelnen Schüler im herkömmlichen Frontalunterricht für spontane geistige Aktivität gegeben ist, wie sehr er zu einer rein rezeptiven und geistig passiven Haltung verurteilt bleibt, wie sehr er sich permanent auf Lehrerfragen einstellen muß, deren Beantwortung ihm jedoch nur äußerst selten gestattet werden kann, weil jeder Schüler einer Klasse einmal drangenommen werden soll. Diese Situation ist langweilig, ermüdend, entmutigend und frustrierend, sie provoziert Unaufmerksamkeit und Störverhalten. Durch andere Sozialformen des Unterrichts, vor allem durch stärkere Berücksichtigung von Partner- und Gruppenarbeit, könnten diese Bedingungen abweichenden Verhaltens reduziert werden. Aber häufig schreckt man vor derartigen Organisationsformen des Unterrichts deshalb zurück, weil man durch sie noch zusätzliche Unruhe befürchtet. Hier wird jedoch oft die echte arbeitsbedingte Betriebsunruhe in einer Klasse mit störender Unruhe auf unstatthafte Weise gleichgesetzt.

Im Zusammenhang mit der Unterdrückung der geistigen Aktivität im Unterricht steht auch die Tatsache, daß Schulen in nur unzureichendem Maße mit modernen Lehrmitteln für die Hand des Lehrers, vor allem aber ungenügend mit Lernmitteln für die Hand des Schülers ausgerüstet sind. Viele Lehrer beklagen diesen Mangel, ohne dagegen etwas tun zu können, weil der den Schulen zugewiesene Etat modernen Ansprüchen längst nicht mehr gerecht wird. Individuelles Lernen, etwa durch den Einsatz erprobter Unterrichtsprogramme, wird somit viel zu selten ermöglicht. Auch das antiquierte Lernmittel-Leihsystem, wie es noch in einigen Bundesländern vorherrscht, ist ein Beispiel für diesen Zustand: Schulbücher werden über acht Jahre hinweg und länger an Schüler ausgeliehen; erwiesenermaßen unhygienisch und unansehnlich, schmuddelig, zerfleddert, bekleckst und bekritzelt sollen sie zum Lernen animieren. Während in modernen Unterrichtswerken aus pädagogischen Gründen absichtlich Stellen für handschriftliche Eintragungen des Schülers vorgesehen werden, während für selbständige Lernarbeit bekanntlich Textunterstreichungen, Randnotizen und Ergänzungen erforderlich sind, muß derartiges notgedrungen bei solchen Büchern verboten werden, die mehrfach ihren Benützer wechseln. Solche Bücher werden als herrenlose Gegenstände angesehen und entsprechend behandelt; die Geringschätzung des Buches dürfte sich auch auf seinen Lerninhalt übertragen, abgesehen davon, daß die Inhalte solcher Bücher zuweilen bereits veraltet sind. Dieses Leihsystem ist bildungsfeindlich und benachteiligt vor allem die leistungsschwächeren Schüler, weil es ihnen die Lernhilfe des Buches nach kurzer Zeit wieder aus der Hand nimmt und das Aufholen alter Lernrückstände nicht gestattet (vgl. Blickpunkt Schulbuch, 1972). Daß sich derart ungünstige Lernbedingungen auf dem Disziplinbereich negativ auswirken, ist naheliegend.

Was ebenfalls zur Störanfälligkeit des Unterrichts beiträgt, sind zweifellos die wachsenden Anforderungen unserer Leistungsschule. Dieser Gedanke ist unbehaglich, aber wir sollten ihn nicht verdrängen. Aus ihm läßt sich gewiß nicht die kurzschlüssige Ablehnung von Leistung und Leistungssteigerung herleiten, aber er sollte jeden, der Leistungen fordert, zu der ernsthaften Frage veranlassen, welche Leistungen für welche Art von Fortschritt und Verbesserung sinnvollerweise gefordert werden dürfen. Auf zwei sehr unerfreuliche Begleiterscheinungen des in die Schule importierten Leistungsprinzips muß hingewiesen werden, weil mit ihnen das Disziplinproblem zusammenhängt.

Erstens: Das Aufgabenpensum unserer Schulen ist umfangreicher und anspruchsvoller geworden. Daß nun dort, wo dieser Wandel nicht gleichzeitig mit unterrichtsmethodischen Verbesserungen einhergeht, das Schulleben zwangsläufig sehr viel frustrierender werden muß, dürfte außer Frage stehen. Ein gesteigerter Aufwand sollte deshalb vor allen Dingen auf differenzierte Förderung gelegt werden. Dies aber ist eine wunde Stelle unserer Leistungsschule: sie konzentriert sich einseitig auf die Leistungsfähigen, sie kümmert sich wenig um die potentiellen Versager und noch weniger um diejenigen, die den Anschluß bereits verloren haben. Zeit und Aufwand lohnen scheinbar nicht mehr, um diese Schüler aus ihrer permanenten Versager- und Außenseiterposition zu befreien; man läßt sie im Zustand der Erfolglosigkeit und registriert lediglich mit Empörung, wenn sie auf dieses frustrierende System mit Störungen und Aggressionen reagieren. In dieser Beziehung gleicht die Schule einem Krankenhaus, das die Gesunden pflegt und die Kranken ignoriert.

Zweitens: Die Messung von Leistungen in der Schule kann mehrere Funktionen erfüllen, auf die in diesem Zusammenhang nicht eingegangen zu werden braucht. Das verbreitete Übel einer relativ subjektiven und ungerechten Zensurengebung aber bringt viel Ärger. Einheitlichere und von Schülern geistig nachvollziehbare Kriterien der Leistungsbeurteilung würden manchen Konflikt entschärfen (vgl. J. Lichtenstein-Rother, Hrsg., 1971). Dies ist die eine Seite. Auf der anderen Seite sollte man sich aber auch sorgfältig überlegen, „was man eigentlich messen will und warum, in anderen Worten: ob es sinnvoll ist, alle Vorgänge in der Schule dem Prinzip der Leistung so total zu unterwerfen, wie es heute geschieht" (H. v. Hentig, 1968, S. 98).

Deutschunterricht in einer dritten Grundschulklasse. Das chinesische Märchen vom Prinzen Reiskorn wird gelesen. Der Lehrer fragt nach dem Sinngehalt des Stückes und versucht dies kindgemäß zu tun: „Warum", sagt er, „steht denn eigentlich diese Geschichte in unserem Lesebuch?" Nach längerer Pause meldet sich ein Mädchen und meint zögernd: „Damit die Schüler die Geschichte lesen müssen und die Lehrer Noten geben können".

Hier tut sich durch Kindermund das Mißverständnis vom Selbstzweck der Notengebung kund. Ist aber unsere Unterrichtswirklichkeit nicht diesem Mißverständnis weitgehend verfallen? Sollte nicht gerade in einer Leistungsschule Wert darauf gelegt werden, daß manche Unterrichtsfächer und -zeiten freigehalten werden von Benotungsprozeduren und vom Klima des Wettbewerbs, damit ein Ausgleich gegeben wäre für jene Bereiche, in denen Leistungsmessung sinnvoll und notwendig ist? Wer kann eigentlich ernsthaft interessiert sein an der Messung von Schülern im Aufsatz, in Religion, Musik, Zeichnen, Werken, Handarbeit oder Sport? Wenn es manche Schüler selbst sein sollten, um damit ihr Gesamtnotenbild verbessern zu können, bräuchte man ihnen dies ja nicht zu verweigern. Nur: man sollte Schülern das Interesse und den Spaß an solchen Fächern und ihren Inhalten nicht austreiben, indem man ihnen immer wieder schriftlich bescheinigt, daß sie auch hier die unterste Rangposition einnehmen. Außerdem bieten gerade diese Fächer von sich aus so viele Anknüpfungspunkte für das Schülerinteresse, daß die Disziplin durch guten Unterricht gewahrt werden könnte und nicht durch das zweifelhafte Disziplinierungsmittel der Benotung aufrechterhalten zu werden bräuchte, was ohnehin nur selten gelingt.

Durch Schule und Unterricht wird Lernen in sozialen Gruppen organisiert. Dies macht die Einführung und Aufrechterhaltung sinnvoller Verhaltens- und Arbeitsregeln erforderlich. Die Bedeutung solcher zu Gewohnheit und Routine gewordenen Regeln für das Funktionieren organisierten Lernens wird niemand ernsthaft bestreiten. Andererseits aber hält man in unseren Schulen auch an längst überholten Normen und Bräuchen fest; neue, zuweilen schwer oder gar nicht einsehbare bürokratische Vorschriften kommen hinzu und ergeben insgesamt einen Wald von Gebots- und Verbotsschildern, die unüberschaubar werden oder zur bewußten Übertretung geradezu herausfordern und damit mehr disfunktionale als funktionale Bedeutung erhalten. Der Lehrer sollte nur die Befolgung solcher Verhaltensregeln verlangen, deren Funktion sich vor dem Urteil der Vernunft rechtfertigen läßt.

Verhaltensregeln, auch und gerade wenn sie vernünftig sind, sollen zunächst einsichtig gemacht werden. Dies kann planvoll im Hinblick auf künftige Erfordernisse geschehen. Häufig ergeben sich auch sehr fruchtbare Situationen von Desorganisation, Regellosigkeit und Konflikt, aus denen heraus sich mit der Klasse angemessene Verhaltensnormen erarbeiten und vereinbaren lassen. Sogar auf die Einübung solcher regelhafter Tätigkeiten wird man, vor allem bei Schulanfängern, nicht verzichten können. Gewohnheitsbildung und Routine sind sowohl für ein soziales System wie die Schulklasse von Bedeutung als auch für das Individuum selbst. Automatisierte motorische Gewohnheiten ebenso wie habitualisierte soziale Umgangsformen entlasten den einzelnen von höheren Bewußtseinsleistungen wie Aufmerksamkeit, Konzentration, Denkvorgängen und Entscheidungsaufwänden (vgl. A. Gehlen, 1957, S. 104 ff.). Gewiß birgt unreflektiertes Gewohnheitshandeln auch Gefahren in sich; dies hängt jedoch davon ab, auf welche Handlungsbereiche es sich erstreckt. Hier steht die Funktion der Entlastung im Vordergrund, die es gestattet, daß die ersparten höheren Bewußtseinsfunktionen für andere und anspruchsvollere Aufgaben abgezogen und eingesetzt werden können. Außerdem ersparen bei Schülern zur Routine gewordene Handlungen dem Lehrer viele Worte, sie entlasten ihn davon, in gleichbleibenden Situationen immer wieder aufs neue als reglementierende Instanz auftreten zu müssen. Sinnvolle Gewohnheitsbildung kann sich etwa auf die Einführung und Einübung von Regeln für Klassengespräch und Diskussion beziehen, auf Regeln für die Zusammenarbeit in der Gruppe, für Situationen der Stillbeschäftigung, für das Austeilen oder Einsammeln von Gegenständen, für das Aufstellen von Geräten, das Umstellen von Stühlen und Tischen, für die Ausführung anderer Verrichtungen wie Tafel reinigen, Pausenmilch holen und ähnliches mehr.

Derartige Empfehlungen haben aber auch eine mögliche Kehrseite. Wo Verhaltensregeln zu engmaschig sind, wo nahezu alles Tun und Treiben festgelegt und abgegrenzt ist, da finden sich Auswüchse autoritären Machtanspruchs oder unreflektiert übernommene Überreste derselben. Überflüssige Regeln und Vorschriften bieten einen ständigen Anreiz zur Übertretung, sie nähren den Konflikt zwischen Lehrer und Schüler. Gemäß einem ehemals klassischen „Wegweiser zur Führung einer geregelten Schuldisziplin" beispielsweise hatte jeder Schüler gerade mit dem Rücken angelehnt zu sitzen, seine Hände geschlossen auf die Schultafel zu legen und die Füße parallel nebeneinander auf den Boden zu stellen (C. Kehr, 1885, S. 63).

Aber auch in vielen unserer heutigen Schulklassen herrscht noch das prinzipielle Verbot, mit dem Nachbarn zu sprechen; in vielen Klassen muß umständlich um Erlaubnis gefragt werden, wenn der Schüler den Platz verlassen will, um ein Lernutensil zu holen, um einem Mitschüler etwas zu bringen, um auszutreten usw. Zu prüfen wäre auch, ob nicht das umständliche Aufstellen der Klasse in sauberen Zweierreihen und die entsprechende Fortbewegungsart zuweilen mehr Ärger als Nutzen einbringt. Als ein höchst überflüssiger Appendix aus vergangenen Zeiten militärischer Schuldisziplin erweist sich vor allem die Pflege bestimmter Grußzeremonielle im Einflußbereich der Schule. Selbst in sogenannten Ausbildungsklassen kann man noch erleben, daß die Schüler bei Unterrichtsbeginn im einstimmigen Chor ihr „Grüß Gott, Herr Oberlehrer!" intonieren und dabei geschlossen einen artigen Knicks zeigen. Man muß sich auch fragen, warum Schüler aufstehen und grüßen sollen, wenn während des Unterrichts ein Erwachsener die Klasse betritt; dieser sollte sich vielmehr unauffällig dafür entschuldigen, daß er den Unterricht stört. Von derart sinnlosen Dingen sollten die Schüler dispensiert werden. Im übrigen entspricht es hierarchischen Vorstellungen, daß der Schüler seinen Lehrer *zuerst* grüßen muß. Der Gruß sollte nicht mehr dazu da sein, daß man anderen seine Reverenz erweist, er sollte eine freundliche Geste sein, die ebenso vom Lehrer ausgehen kann. Es würde im Sinne eines angemessenen Modellverhaltens dem Lehrer gut anstehen, wenn er vor Unterrichtsbeginn seine Schüler, die ihm irgendwo begegnen oder das Klassenzimmer betreten, individuell mit einem Gruß empfinge.

In manchen Klassen und Schulen sind es häufig äußere ungünstige Rahmenbedingungen, die vom einzelnen Lehrer nicht rückgängig gemacht oder beseitigt werden können, die ihn aber geradezu zwingen, zusätzliche Verhaltensregeln zu ersinnen und deren Einhaltung zu überwachen. Vieles, was den Unterricht in Klassen mit niedriger Schülerzahl nicht sonderlich beeinträchtigt und deshalb toleriert werden darf, multipliziert sich in überfüllten

Klassen, steigert sich dort zur massiven Störung. In Schulen mit ungünstiger Lage erhöht der Lärm der Straße den Geräuschpegel im Klassenraum. Unzweckmäßige und empfindliche Fußböden, schmutzempfängliche Wände, gefährlich splitternde Glastüren vor allem zwischen Klassen- und Gruppenräumen, zu wenige Toiletten, all das und anderes mehr erzeugt weitere Probleme, macht Vorschriften und Kontrollen erforderlich, verursacht zusätzlichen Ärger.

Bei zusammenfassender Betrachtung ergibt sich, daß die Verantwortung für die zahlreichen Disziplinschwierigkeiten den Lehrern selbst nur teilweise zugeschoben werden kann. Diese Feststellung ist trivial, aber wichtig. Sie richtet sich nämlich gegen eine in der Öffentlichkeit verbreitete und gefährliche Erfolgsideologie, wonach derjenige als ein guter Lehrer gilt, der es auch unter ungünstigen unterrichtlichen Rahmenbedingungen schafft, seinen Schülern möglichst viel beizubringen und sie gleichzeitig gut zu disziplinieren. Diese von außen an den Lehrer herangetragene Rollenerwartung ist deshalb gefährlich, weil sie ihn unter den gegenwärtigen Schulverhältnissen überfordert und ihn mit veranlaßt, diesem Anspruch mit autoritären Mitteln bzw. auf Kosten eines sozialintegrativen Unterrichtsstils gerecht zu werden. Und damit gerät wiederum der enge Zusammenhang aus dem Blickfeld, der zwischen autoritärem Lehrerverhalten, ungünstigem Sozialklima in der Klasse und abweichendem Schülerverhalten besteht.

VII. Falsche Verteilung von Lohn und Strafe durch den „gerechten" Lehrer

An früherer Stelle war bereits vom lernpsychologischen Gesetz des Effekts die Rede: Wenn sich eine Verhaltensweise als erfolgreich erweist, wenn sich aus ihr für das Individuum ein positiver Nacheffekt ergibt, dann wird diese Verhaltensweise verstärkt, gefestigt und somit gelernt. Umgekehrt gilt: wenn auf eine Verhaltensweise Mißerfolgserlebnisse, irgendwelche negativen Nacheffekte folgen, dann wird diese Verhaltensweise wieder abgebaut, verlernt bzw. überhaupt nicht erst gelernt. Außerdem wurde gesagt, daß es mit von Erfolg und Mißerfolg abhängt, ob das sog. Anspruchsniveau in dem betreffenden Verhaltensbereich steigt oder sinkt.

Viele solcher Nacheffekte sind nun sozialer Art. Die ausdrückliche Belohnung beispielsweise, aber auch schon Äußerungen der Beachtung, Anerkennung, Wertschätzung und des Lobes werden vom Individuum in der Regel als positiver Nacheffekt, als sozialer Erfolg erlebt, der das betreffende Verhalten verstärkt. Umgekehrt haben Strafen, aber auch schon Nichtbeachtung, Äußerungen der Geringschätzung, Ermahnung, Tadel und Drohung in der Regel den Charakter eines negativen Nacheffekts, der das betreffende Verhalten als sozial unerwünscht erscheinen läßt und hilft, es abzubauen.

In der Pädagogik kennt man seit jeher die große Bedeutung solcher Praktiken für die Förderung der zu Erziehenden. Nur: die Anwendung dieser Praktiken in der Erziehungswirklichkeit erfolgt zumeist ebenso planlos und willkürlich wie in anderen Lebensbereichen auch, wo jedoch der Anspruch, erziehen zu wollen, gar nicht erst erhoben wird. Diese Kritik muß konkretisiert werden.

Im Zusammenhang mit der Erörterung des Effektgesetzes wurde auch darauf hingewiesen, daß abweichendes Verhalten im Unterricht — und zwar kurzfristig vom Standpunkt des Abweichlers aus betrachtet — gewöhnlich zu mehr positiven Nacheffekten führt als konformes Verhalten; nicht aufzupassen oder zu stören ist eben momentan befriedigender als aufzupassen oder zu arbeiten. Diese Einstellung des Abweichlers kann nun durch zwei Fehlformen des Lehrerverhaltens noch begünstigt werden.

Als erstes wäre denkbar, daß man unterrichtlichen Disziplinverstößen gegenüber allzu gutmütig und nachlässig verfährt; diesen Vorwurf wird man jedoch nur relativ wenigen Lehrern machen können. Ein zweiter Fehler indessen wiegt viel schwerer, daß nämlich bei leistungsschwachen und störenden Schülern die Ansätze für Leistungs- und Verhaltensverbesserung zu wenig oder gar nicht beachtet und gefördert werden.

Die wirksamsten Gegenkräfte gegen abweichendes Verhalten sind bekanntlich sozial erwünschte Verhaltensmuster, die bereits gelernt und gefestigt sind. Aufgebaut und gepflegt werden solche Verhaltensmuster im Unterricht vornehmlich durch individualisierende Erfolgszuweisung. An Gelegenheiten dafür wäre kein Mangel. Situationen, in denen leistungsschwache und störende Schüler nicht negativ auffallen, bieten immer auch die Chance für den planvollen Aufbau positiven Verhaltens. Derartige Gelegenheiten werden jedoch kaum wahrgenommen und genutzt.

Gehen wir einmal davon aus, daß sozialer Erfolg in Gestalt von Beachtung, Anerkennung und Lob ein allgemein menschliches Grundbedürfnis darstellt. In der Regel zeigt sich dieses Bedürfnis nach außen in der Bereitschaft und in einem gewissen Eifer, den Erwartungen wichtiger Bezugspersonen zu entsprechen. Nun scheinen die sogenannten Dummen, Faulen und Disziplinlosen einer Klasse in den Augen des Lehrers das genannte Bedürfnis häufig gar nicht zu besitzen, weil sie den aus seiner Sicht erwünschten guten Willen nicht zu erkennen geben und offensichtlich kein Verhalten demonstrieren, das ihnen Erfolg und Anerkennung einbringen könnte; jedenfalls bleiben sie in vielerlei Hinsicht weit unterhalb des Durchschnitts der Klasse. In solchen Fällen Anerkennung zu zollen wäre — wie man sich herkömmlicherweise ausdrückt — „unverdient". Zuweilen kommt noch hinzu, daß mustergültiges Schülerverhalten vom Lehrer über Gebühr positiv verstärkt wird. Was der „schlechte" Schüler zu wenig erhält, bekommt der „gute" Schüler zu viel. Was der Lehrer dem Versager an Erfolgserlebnissen nicht vermitteln zu können glaubt, läßt er dem Musterschüler entsprechend gehäuft zukommen. Durch dieses Fehlverhalten wird der Erfolgreiche nicht selten in die Rolle des Überheblichen gedrängt, während die schlechte Ausgangslage des Versagers noch zusätzlich kontrastierend hervorgehoben wird.

Woran also unser Unterricht krankt, ist die Tatsache, daß wir Anerkennung, Lob und Belohnung weitgehend nach einem vermeintlich objektiven Richtmaß erteilen. Damit aber müssen die subjektiven und kurzfristigen Verbesserungen des schlechten Schülers zwangsläufig unberücksichtigt bleiben. Es gelangt gerade derjenige Teil der Schüler am allerwenigsten zu Erfolgserlebnissen, der sie nach dem Prinzip des Lernens am Erfolg am allernötigsten hätte.

Das Bedürfnis nach sozialer Anerkennung und Erfolg dürfte wohl keinem Schüler fehlen, aber es können permanente Überforderung und Entmutigung den Versager im Laufe der Zeit derart frustrieren, daß er tatsächlich gar nicht mehr den Versuch unternimmt, dieses Bedürfnis nach Anerkennung und Erfolg im Rahmen der Wohlanständigkeit auf sozial erwünschte Weise zu befriedigen. Sein Anspruchsniveau nähert sich dann in dieser Hinsicht gewissermaßen dem Nullpunkt.

Wie läßt sich nun die Tatsache erklären, daß Lehrer gegen den Grundsatz der individuellen Erfolgsbestätigung verstoßen? Es gibt dafür gewiß mehrere Ursachen (H. F. Clarizio, 1971, S. 15 f.).

Infolge mangelnder Verständnisbereitschaft und geringer Distanz zum Geschehen sehen erstens viele Lehrer nur die moralische Bedeutung von Lob und Belohnung und nicht die erziehungspsychologische. Mit anderen Worten: sie anerkennen, loben und belohnen einen Schüler, *weil* er sozial erwünschtes Verhalten bereits weitgehend realisiert hat und nicht, *damit* er es nach und nach lernt. Viele Lehrer wären beispielsweise nur dann bereit, das Verhalten eines notorischen Schwätzers zu honorieren, wenn dieser plötzlich — was jedoch kaum jemals eintritt — über einige Tage hinweg überhaupt nicht mehr schwätzen würde; es käme aber darauf an, gerade ihn besonders ausdrücklich zu beachten in den Situationen, in denen er tatsächlich mitarbeitet. Die Beispiele ließen sich beliebig vermehren. Anerkennung, Lob und Belohnung werden also häufig deshalb nicht systematisch zum Aufbau erwünschter Verhaltensmuster eingesetzt, weil man sie nach einem vermeintlich objektiven Maßstab von Gerechtigkeit zu verteilen versucht und nicht nach dem erziehungspsychologischen Prinzip der Verhaltensmodifikation. Es tritt dabei eine Vorstellung von Gerechtigkeit zutage, wie sie zwar auch in anderen Lebensbereichen verbreitet, aber im Zusammenhang mit erzieherischer Förderung unangebracht ist.

Eine zweite Ursache für die mangelnde individuelle Erfolgsbestätigung hängt mit dieser fragwürdigen Auffassung von Gerechtigkeit eng zusammen. Manche Lehrer identifizieren sich mit dem leistungsfähigeren und braveren Teil der Klasse und glauben, diese Schüler empfänden es als unfair, wenn Verhaltensweisen honoriert werden, die allgemein als selbstverständlich gelten und von denen obendrein anzunehmen ist, daß sie nicht von Dauer sind. Gewiß muß sich der Lehrer vor dem Schülervorwurf hüten, ungerecht zu sein. Deshalb muß er die Klasse mit seinem Konzept der individuellen Erfolgsbestätigung vertraut machen. Wenn er die Einsicht vermittelt, daß auch noch weit unter dem Durchschnitt des Wünschenswerten liegendes Verhalten bei manchen Klassenkameraden bereits als persönliche Leistung und Verbesserung anzusehen ist, die honoriert werden muß, dann wird diese Einsicht auch nicht ohne Auswirkung auf die Rücksicht und Fairneß der Schüler untereinander bleiben.

Eine dritte Ursache für den Verstoß des Lehrers gegen den Grundsatz der individuellen Erfolgsbestätigung ist, daß er häufig ein Opfer des sog. „halo-effects" wird: Er sieht, was er zu sehen erwartet. Dies bedeutet in unserem Zusammenhang, daß vorausgegangene negative Erfahrungen mit bestimmten Schülern die Fähigkeit des Lehrers einschränken, bei diesen Schülern positive Verhaltensweisen wahrzunehmen. Der Lehrer erkennt bei Schülern, die ihm Schwierigkeiten bereitet haben, hauptsächlich deren Schwächen und Störungen, und er benützt diese selektiven Wahrnehmungen, um sein negatives Meinungsbild zu bestätigen. Im Lehrer bildet sich die Stereotypie vom schlechten Schüler (vgl. E. Höhn, 1967).

Eine vierte Ursache schließlich ergibt sich aus der Eigenart der dem Lehrer von außen auferlegten Berufsaufgaben. Der Lehrer weiß, was man von ihm erwartet: Seine Hauptaufgabe besteht darin, die Leistungsfähigen und Leistungswilligen zu fördern und das übergroße Stoffpensum durchzubringen. Er nützt deshalb jede Gelegenheit, in der ein Störenfried nicht stört, um sich von ihm abwenden und sich den genannten Hauptaufgaben zuwenden zu können.

Das Wissen um derartige Gründe des Lehrerfehlverhaltens könnte bereits ein erster Schritt zur Reduzierung von Disziplinschwierigkeiten sein. Der hier beschriebene Mangel an positiver Zuwendung und individueller Erfolgsbestätigung ist zwar nur ein Faktor im Ursachenkomplex für abweichendes Schülerverhalten, aber er scheint sehr dominant zu sein.

Experimente der amerikanischen Erziehungspsychologen W. C. Becker, Ch. H. Madsen und ihrer Mitarbeiter haben gezeigt, daß nach entsprechenden Instruktionen an die Lehrer das Störverhalten in deren Klassen bereits nach Wochen um ein erhebliches Maß herabgesetzt werden konnte, und zwar allein dadurch, daß die Übertretung von Verhaltensregeln durch Schüler vom Lehrer weitgehend ignoriert, deren Befolgung aber systematisch beachtet und verbal honoriert wurde.

Dieses Erzieherverhalten wurde z. B. in fünf verschiedenen Klassen gegenüber 6- bis 10jährigen Schülern praktiziert. Bei den Problemkindern, die zum Zwecke der Beobachtung ausgewählt wurden, verminderten sich die

Störaktionen im Laufe von 10 Wochen etwa um die Hälf-
te (W. C. Becker u. a., 1967). In einem anderen Experiment wurde diese Methode mit großem Erfolg gezielt gegen die motorische Unruhe von 48 Kindern einer ersten
Klasse eingesetzt. Von Interesse war das Ausmaß, in dem
die Schüler nicht auf ihrem Stuhl saßen, also herumliefen,
aufsprangen, standen, auf dem Stuhl knieten usw. Während jeweils in verschiedenartigen vorexperimentellen
Kontrollphasen durchschnittlich pro 20-Minuten-Einheit
rund 300 bis 400 Fälle registriert wurden, in denen diese
Schüler nicht ruhig und richtig auf ihren Stühlen saßen,
ging die Zahl während der experimentellen Phase auf
durchschnittlich weniger als 200 Fälle pro 20-Minuten-
Einheit zurück. Eine Reduzierung derartiger Störungen
um mindestens ein Drittel könnte, so schreiben die Autoren, jeden Erstklaßlehrer glücklich machen (Ch. H. Madsen u. a., 1969).
Es mag aufschlußreich sein, die Lehrerinstruktion zum
zuletzt genannten Experiment gekürzt zu zitieren, weil
sie die vorgetragenen Gedanken noch einmal veranschaulicht: „ . . . Lehrer neigen gewöhnlich dazu, ‚gutes Benehmen' für selbstverständlich zu halten, und sie wenden sich
einem Kind erst dann zu, wenn es aus der Rolle fällt. In
den vorausgehenden Phasen dieses Experiments haben Sie
als Lehrer bewußt Ihre verstärkte Aufmerksamkeit dem
ständigen Aufstehen und Nicht-Sitzen-Können der Kinder zugewandt, Sie haben Kinder bei diesem Fehlverhalten erwischt und haben mit Kommandos reagiert. Sie werden aber jetzt gebeten, ein Mittel anzuwenden, welches
man charakterisieren könnte als ‚das Kind beim Bravsein
erwischen'. Zeigen Sie Ihre Anerkennung, Ihre Zuwendung oder Ihr Lächeln, wenn das Kind auf seinem Platze
sitzt und tut, was man erwartet . . . Wenn ein Kind auf-
steht oder unnötigerweise im Klassenzimmer herumläuft,
loben Sie seinen Nachbarn für sein Stillsitzen und seine
Aufmerksamkeit. Dies bringt gewöhnlich dem Störer zu
Bewußtsein, was er tut, ohne daß dem Fehlverhalten Aufmerksamkeit geschenkt zu werden braucht. Es ist aber
dann wichtig, die nächste Gelegenheit wahrzunehmen, um

das Wohlverhalten des Störers zu loben, wenn er einmal ein paar Sekunden lang sitzen geblieben ist. Denken Sie aber daran, daß Sie das Kind nicht sofort loben, nachdem Sie es wieder zu seiner Arbeit zurückbekommen haben, sonst könnten Sie ihm ja beibringen, aufzustehen und sich wieder hinsetzen, um gelobt zu werden. Wichtig bleibt, ‚das Kind beim Bravsein zu erwischen', so regelmäßig wie möglich ... Mit dem beschriebenen Verhalten soll sichergestellt werden, daß das Aufstehen und Herumlaufen ignoriert und die individuell gute Arbeit aufmerksam verfolgt und honoriert wird ... Versuchen Sie, Abwechslung und Ausdruck in Ihre Bemerkungen zu legen. Hüten Sie sich vor Sarkasmus. Versuchen Sie auch, Spontaneität in Ihr Lob und in Ihr Lächeln zu bekommen. Zuerst werden Sie vielleicht das Gefühl haben, daß Sie zu viel loben und daß dies alles etwas unecht klingt. Dies ist eine typische Reaktion, im Laufe der Zeit wird alles natürlicher ... Wenn Ihre Bemerkungen die Klasse bei der Arbeit stören sollten, dann machen Sie von mimischer Zuwendung und vom Lächeln Gebrauch. Gehen Sie auch, wenn es die Situation zuläßt, durch die Klasse und geben Sie ruhig einmal einem Kind für seine gute Arbeit einen Klaps auf die Schulter. Ruhig ausgesprochene Anerkennung kombiniert mit einem physischen Zeichen der Zuwendung hat sich als effektiv erwiesen ... " (Ch. H. Madsen u. a., 1969, S. 272 f.).

Auf die Notwendigkeit, bei leistungsschwachen und störenden Schülern in besonderem Maße für Zuwendung und individuelle Erfolgsbestätigung zu sorgen, weil nur dadurch der Aufbau erwünschter Verhaltensmuster gelingt, kann gar nicht eindringlich genug hingewiesen werden. Dennoch: im Augenblick des Auftretens unerwünschter Verhaltensmuster kann auf erzieherische Gegenwirkung nicht immer verzichtet werden. Hier befinden wir uns als Erziehungspraktiker auf vertrautem Gebiet — jedenfalls glauben wir es.

Man ermahnt, tadelt, droht und bestraft, d. h. man arrangiert einen negativen Nacheffekt, um dadurch zu erreichen, daß abweichendes Verhalten für den Abweichler zu einem unbefriedigenden Erlebnis führt. Im Sinne des lernpsychologischen Grundsatzes vom Vermeidungslernen ist dies zunächst richtig und konsequent. Isoliert für sich betrachtet, müßte dieser Grundsatz sogar umso eher zum Erfolg führen, je unnachsichtiger Tadel, Zurechtweisung, Drohung und Strafe zur Anwendung kommen. Daß dies in Wirklichkeit jedoch nicht so ist, daß in der Erziehung der vorbehaltlose und ungehemmte Einsatz negativer Sanktionen zu vielen gefährlichen Nebenwirkungen führt, wird ersichtlich, wenn wir früher dargestellte Zusammenhänge mit berücksichtigen. Hier sei an die Folgen permanenter Frustration erinnert, an die mögliche Imitation rigorosen Modellverhaltens durch Beobachter, an die Notwendigkeit der Herstellung und Pflege positiver emotionaler Beziehungen, speziell an das Phänomen der reziproken Affekte, an die Bedeutung von Äußerungen der Wertschätzung und des Verstehens.

Um einem möglichen Mißverständnis vorzubeugen: Gewiß braucht der Lehrer nicht erst noch schnell freundlich zu sein, die Gefühle des Störers zu verbalisieren oder seine prinzipielle Wertschätzung umständlich auszudrücken, bevor er ermahnt, tadelt oder straft. Aber er sollte sich vor dem Gegenteil hüten: Der Lehrer tadelt oder straft, und wie oft provoziert er dabei negative reziproke Gefühle bei Schülern, indem er seine Beherrschung verliert und sich nervös, wütend, aggressiv und haßerfüllt zeigt; er tadelt oder straft, und wie oft drückt er dabei seine prinzipielle Geringschätzung aus, indem er beschämt, blamiert, beschimpft, ironisiert, demütigt usw. Häufig drückt der Lehrer bei Tadel und Strafe auch seine Verständnislosigkeit aus, indem er erbarmungslos und unangemessen hart vorgeht. Damit wird dem Störer die Möglichkeit genommen, die Berechtigung einer Sanktion einzusehen; außerdem liefert der Lehrer dem Schüler Rechtfertigungsgründe für weitere um so heimtückischere Störaktionen. Die Brücke zwischenmenschlicher Verständigung wird abgebrochen.

Dies alles gilt in besonderem Maße für die Strafe; auf sie soll noch etwas näher eingegangen werden. Denn für jene Fälle, in denen man glaubt, auf Strafe nicht verzichten zu können, sollte zumindest bekannt sein, mit welchen Schwächen und Nachteilen sie behaftet ist. Diese Schwächen lassen sich folgendermaßen zusammenfassen (vgl. H. F. Clarizio, 1971, S. 100 ff.):

Der Strafe allein fehlt zunächst das Merkmal der Richtungsangabe; Strafe drückt aus, was verboten ist, aber noch nicht, was zu tun richtig ist. Deshalb ist Strafe nur sinnvoll in der Kombination mit Lob und Belohnung angemessener Verhaltensweisen bzw. mit der Vermittlung von Einsicht, damit das Positive als Gegenkraft im Kinde verstärkt wird.

Zweitens beschränkt sich die Wirkung der Strafe gewöhnlich auf solche Situationen, in denen strafende Instanzen zugegen sind. Von solchen Scheinerfolgen sollte man sich nicht täuschen lassen.

Strafen haben drittens frustrierenden Charakter. Im Sinne der Frustrations-Aggressions-Theorie können Strafen feindselige Einstellungen und Handlungen provozieren, sie können aber auch zu Gefühlen von Unsicherheit und Minderwertigkeit sowie zu Angstneurosen führen.

In diesem Zusammenhang kann Strafe viertens sogenanntes Fluchtverhalten auslösen. Jedes Individuum neigt dazu, unangenehmen Dingen auszuweichen. Die Flucht vor Bestrafung manifestiert sich im Vortäuschen falscher Tatsachen, z. B. im Lügen, Mogeln, Simulieren oder Schuleschwänzen. Fluchtverhaltensweisen können unter Umständen gravierendere Formen annehmen als jenes Verhalten, das ursprünglich hätte bestraft werden sollen. Da sich durch Fluchtverhalten die drohenden Konsequenzen zumeist tatsächlich umgehen lassen, kann es sich leicht zu einem stabilen Verhaltensmuster verfestigen.

Fünftens schließlich bleibt der Lehrer auch als Strafender Verhaltensmodell. Härte und Rücksichtslosigkeit, Geringschätzung und Verständnislosigkeit haben Modellcharakter und regen zur Nachahmung an.

All diese Einschränkungen bestätigen den Grundsatz, daß Erziehungsstrafen immer erst dann riskiert werden dürfen, wenn sich andere Disziplinierungsmethoden als unzureichend erwiesen haben und wenn abweichendes Verhalten wirklich gravierend ist. Aber auch heute noch haben Kinder zuweilen unter einer geradezu anachronistischen Mißachtung dieser Regel zu leiden. Einige groteske Beispiele: Bereits in den ersten Tagen nach Schulbeginn werden schwätzende Erstkläßler von einer „erfahrenen" Lehrkraft in die Ecke gestellt. — Eine Handarbeitslehrerin läßt Linkshänder fünfzigmal schreiben: „Ich darf mein Strickzeug nicht verkehrt herum halten". — Erste Klasse Gymnasium: Einmal das Heft vergessen ergibt mündliche Note 6.

Der momentane Erfolg solcher Praktiken — wer wollte dies bezweifeln — ist in den meisten Fällen geradezu perfekt. Mit den langfristigen Folgen aber müssen sich später andere Lehrer herumschlagen. Viele Disziplinkonflikte an einer Schule würden gar nicht oder nicht in derselben Ausprägung auftreten, wenn manchen Lehrern — es sind nur wenige — rechtzeitig beigebracht werden könnte, was sie unter allen Umständen unterlassen sollten. Aber auch wenn man als Lehrer versucht, die genannten Vorbehalte gegen Erziehungsstrafen zu berücksichtigen, dürfte es dennoch nicht möglich sein, die der Strafe zugedachte positive Wirkung zu garantieren, weil es letztlich darauf ankommt, wie sie vom Bestraften selbst subjektiv erlebt wird.

Man kann deshalb sagen: Strafen sind erzieherisch nur sinnvoll, wenn sie vom Betroffenen subjektiv als berechtigt erlebt werden und wenn die positive Lehrer-Schüler-Beziehung grundsätzlich erhalten bleibt. Wichtige Voraussetzung dafür ist nicht allein die objektive Gerechtigkeit, sondern auch die individuelle Angemessenheit sowie das Bemühen des Erziehers, die nötige Einsicht in den Sinn einer Strafe zu vermitteln. Außerdem ist für die Annahme der Strafe von großer Bedeutung, daß diese in einem thematisch oder inhaltlich engen Zusammenhang zum Vergehen steht. Dieser inhaltliche Bezug zum Vergehen kann durch sog. logische Folgen hergestellt werden (vgl. R. Dreikurs, 1967, S. 107 ff.). Zwei befreundete Tischnachbarn beispielsweise stören fortwährend den Unterricht.

Logische Folge: sie werden vom Lehrer auseinandergesetzt. Schüler werden trotz ausreichender Arbeitszeit mit ihren Aufgaben nicht fertig, weil sie die Zeit durch gegenseitige Ablenkung verloren haben. Logische Folge: die Aufgaben müssen in der Schule oder zu Hause nachgeholt werden.

Diese Methode der vom Lehrer arrangierten negativen Folgen ist dort am meisten erfolgversprechend, wo Lehrer und Schüler gemeinsam so etwas wie einen Verhaltensvertrag aufgestellt haben. Wenn eine solche Abmachung durchbrochen wird, ergibt sich die vereinbarte Strafe als logische Konsequenz. Hier — und das ist das Wesentliche — tritt die Person des Lehrers in den Hintergrund, die Strafe wird entpersönlicht, sie ergibt sich quasi von selbst, aus einem Sachverhalt, der gekennzeichnet ist durch die Verletzung einer Regel. Man sollte, mehr als dies bisher üblich ist, im Hinblick auf einige wenige ganz spezielle Störverhaltensweisen mit Schülern solche vertragsähnlichen Vereinbarungen treffen, weil durch sie — ähnlich wie bei vereinbarten und bekannten Spielregeln — eine affektfreie und unpersönliche Ahndung auf Lehrerseite und eine bereitere Annahme der Strafe auf Schülerseite ermöglicht wird (vgl. H. F. Clarizio, 1971, S. 115 ff.).

Zu den logischen Folgen kann man auch die Formen der Wiedergutmachung rechnen: Schaden und Unrecht sollen, soweit der Urheber dazu in der Lage ist, rückgängig gemacht werden. Wenn die Wiedergutmachung keine subjektive Überforderung darstellt, kann mit Einsicht und Einverständnis gerechnet werden. Als Formen der Wiedergutmachung sind beispielsweise denkbar der materielle Schadenersatz bzw. die erträgliche Beteiligung an ihm, das Nachholen von versäumten Aufgaben, zusätzliche Hilfs- und Dienstleistungen, Gesten der Entschuldigung, des Bedauerns und der Versöhnung. Ob derartige Auflagen überhaupt noch als Strafen zu bezeichnen sind, ist ein rein definitorisches Problem, auf das an dieser Stelle nicht eingegangen werden kann.

Kehren wir aber vom Sonderfall der Strafe noch einmal

ganz generell zu den Formen des sozial vermittelten Mißerfolgs zurück, zu denen ja auch Ermahnung, Tadel, Drohung und ähnliches gehören. Hier wird man zugestehen müssen, daß leistungsschwache und störende Schüler nicht nur — wie bereits beschrieben — zu wenig Erfolgserlebnisse vermittelt erhalten, sondern daß zusätzlich gerade sie es wiederum sind, bei denen der Lehrer für ein Übermaß an Mißerfolgserlebnissen sorgt. Nach herkömmlichem Gerechtigkeitsempfinden mögen dies solche Schüler „verdient" haben, ihr Verhalten aber wird sich dadurch eher verschlechtern als bessern.

Nach einer Analyse der Literatur einschlägiger empirischer Befunde sowie aufgrund eigener Untersuchungen kommt die Psychologin Eva Fokken zu folgendem wichtigen Resümee: Lob und Tadel sind im allgemeinen gleich wirksam. Wenn Erfolg und Mißerfolg in ausgewogenem Wechsel und nicht einseitig erlebt werden, dann scheint deren motivierende Kraft in etwa gleich zu sein. Beides ist jedenfalls wirksamer als keinerlei Beachtung. Gute Schüler scheinen eine Tendenz zu zeigen, nach Mißerfolgserlebnissen ihre Leistungen zu erhöhen. Bei anhaltendem Mißerfolg aber — und damit sind die leistungsschwachen und störenden Schüler angesprochen — werden Anspruchsniveau, Fleiß und Leistung geringer (E. Fokken, 1966, S. 41 ff.; S. 122 ff.).

VIII. Sinnvolle Lehrer-Reaktionen auf abweichendes Schülerverhalten

Für das Phänomen abweichenden Verhaltens im Unterricht wurden mannigfache Ursachen angesprochen, Ursachen, die zum Teil vom Lehrer selbst, zum Teil von der jeweiligen sozialen Umwelt des Schülers bzw. von Besonderheiten unseres Schul- und Gesellschaftssystems verschuldet werden. Neben den zahlreichen Bedingungen, die als abstellbare Mißstände zu begreifen sind, dürfen aber auch gewisse objektiv gerechtfertigte Zwänge nicht übersehen werden, die mit der kulturellen Rolle des Schülers verknüpft sind und den Lehrer-Schüler-Konflikt in einem gewissen Ausmaß als prinzipiell unausweichlich erscheinen lassen. Mit anderen Worten: Die Tatsache, daß Schüler nicht tun, was Lehrer erwarten, gehört zu den professionellen Grundgegebenheiten des Lehrerberufs.

Manche Lehrer haben zu diesem Problem nicht die richtige Einstellung. Sie neigen insgeheim dazu, sich den Raum der Schule als eine heil gebliebene Welt zu wünschen und im Konflikt ein täglich über sie hereinbrechendes Unheil zu sehen, ein chronisches Ärgernis, mit dem sich herumzuschlagen eigentlich nicht zu den Berufsaufgaben des Lehrers gehören dürfte. Diese Haltung ist verständlich, weil auch Bildungspolitik und Lehrerbildung das Disziplinproblem weitgehend ignorieren, weil dem Lehrer aus diesen Bereichen keine merklichen Entlastungen und Hilfen zuteil werden. Und dennoch: diese unrealistische Einstellung des Lehrers ist mit schuld an seinen irrational-reaktiven Maßnahmen, die seine Schwierigkeiten eher vermehren als vermindern.

Was sind sinnvolle Lehrer-Reaktionen auf abweichendes Schülerverhalten? Es können zweifellos nicht jene unreflektierten und spontan-emotionalen Verhaltensweisen gemeint sein, die ein Lehrer an den Tag legt, wenn er der Unterrichtsstörung als einer professionellen Grundtatsache immer wieder aufs neue überrascht, betroffen und verärgert gegenübersteht. Von derartigen Reaktionen, wenngleich sie sich im nachhinein zuweilen auch einmal als pädagogisch sinnvoll herausstellen, wird im folgenden nicht die Rede sein. Es ist vielmehr von solchen Handlungsweisen während und nach Disziplinverstößen zu sprechen, die, wie bei der erfolgreichen Behandlung anderer Schwierigkeiten auch, durch Distanziertheit und Besonnenheit gekennzeichnet sind.

Lehrer, die diese Fähigkeit besitzen, verfügen zumeist über ein umfangreicheres Repertoire an Disziplinierungspraktiken, greifen seltener auf stereotype Formen von Ermahnung, Tadel und Strafe zurück und bemühen sich auch um mehr zurückhaltende und weniger aufdringliche Maßnahmen. Lehrer, deren Disziplinierungskonzept aus einer Vielfalt von Verhaltensmöglichkeiten besteht, sind eher in der Lage, ihre Mittel angemessen zu dosieren.

Ein eklatanter Verstoß gegen dieses Prinzip der Dosierung liegt z. B. dort vor, wo unüberlegt Drohungen ausgesprochen werden, denen konsequenterweise bald Strafen folgen müssen. Hinter einmal verhängte Strafen kann der Lehrer, wenn er glaubhaft bleiben will, in gleichgearteten Fällen kaum zurück. Andererseits lassen sich Strafen in der Schule auch nicht beliebig steigern. In einer solchen Lage kann der Lehrer nur noch hoffen, daß es nicht zu einer Inflation der Strafmittel kommt, daß nicht die ihm zur Verfügung stehenden Möglichkeiten wirkungslos werden — was jedoch zuweilen früher eintritt als die großen Ferien.

Das Prinzip des angemessenen Dosierens gilt vor allem für die relativ harmlosen Fälle abweichenden Schülerverhaltens. Es gehört zu den häufigsten Erziehungsfehlern, daß man mit höchst drastischen Methoden etwas verhindert, verbietet und bestraft, und das in Fällen, in denen die Selbstkontrolle des Kindes bereits gut entwickelt ist und nur unter dem momentanen Druck bestimmter Situationen nicht ganz ausreicht. Klammern wir also zunächst massive Unterrichtsstörungen aus und beginnen wir dort, wo die Eskalation des Konflikts in der Regel ihre unscheinbaren Anfänge hat.

Formen der Unaufmerksamkeit wie anhaltendes Schwätzen, unruhiges Sitzen, Spielen mit verschiedensten Utensilien, Necken des Nachbarn usw. sind dem Unterricht nicht förderlich. Schülern ist dies auch nach relativ kurzer Zeit begreiflich zu machen, sie sehen es ein, vergessen sich aber immer wieder; sie stören nicht mutwillig, sondern ihre Selbstkontrolle hält nicht an.

Nun ist bekanntlich die Stimme des Lehrers ein sehr strapaziertes, zuweilen ein schon recht wirkungslos gewordenes Organ, weil es fortwährend betätigt werden muß. Und dennoch fühlt sich der Lehrer veranlaßt, die harmlosesten Störungen konsequent mit verbalen Ermahnungen zu begleiten: „Setz dich richtig hin!" — „Leg doch das Lineal weg!" — „Hört auf zu schwätzen!" — „Wie oft soll ich denn noch sagen . . .!" usw. Wo Schüler die Verhaltensregeln kennen und grundsätzlich auch anerkennen, wo ihnen ihr Störverhalten nur nicht voll zu Bewußtsein kommt, da sollte der Lehrer sparsamer mit seinen Disziplinierungsmitteln umgehen. Seine Stimme sollte er für wichtigere Anlässe schonen. In solchen Situationen wäre vielmehr angebracht, was man als „Signale" bezeichnet (vgl. L. M. Smith u. B. B. Hudgins, 1971, S. 310). Der Lehrer unterbricht z. B. seine Rede und hält inmitten des Satzes inne. Dieses Signal kann unter Umständen unüberhörbarer sein als eine sprachliche Äußerung. Durch das Schweigen des Lehrers wird die Unruhe unmittelbar vernehmbar, die Störenden sind aufgefordert, sich wieder zu beruhigen. Andere Signale ergeben sich aus der Veränderung von Tempo und Lautstärke des Sprechens bei gleichzeitigem Blick auf einzelne Unruhestifter. Das kommentarlose Anblicken des Schülers hat auch den Vorteil, daß dieser kaum zu fadenscheinigen Ausreden provoziert wird. Signalcharakter haben ferner mit der Klasse vereinbarte Klopf- oder Handzeichen. Aber auch beim Rufen eines Schülernamens wird noch mit der Ersparnismethode gearbeitet. Man sagt dem Schüler nicht, was er tun soll, weil er es ohnehin weiß, man ruft ihn nur beim Namen, um ihn an seine Aufgabe zu erinnern, um seine Kontrollinstanz zu unterstützen.

Der Mensch ist ein ermahnungsbedürftiges Wesen. Ermahnungen aber brauchen nicht immer ausführlich verbalisiert zu werden. Signale im hier verstandenen Sinn sind Ermahnungen. Signale sind nicht Zeichen eines hochmütigen Despoten, dessen Absichten Untergebene aus Gesten und Blicken abzulesen haben, sondern sie haben lediglich die Funktion des Erinnerns an die eigene Selbstkontrolle und die Funktion der Reduzierung überflüssiger Aufdringlichkeit des Lehreres. Deshalb sind Signale auch völlig wirkungslos, sobald schwerwiegendere Formen abweichenden Verhaltens vorliegen.

Eine andere Möglichkeit, auf einsetzende Störversuche sinnvoll zu reagieren, bietet die Ablenkung. Voraussetzung ist auch hier eine gewisse Distanz des Erziehers zum Geschehen. Der Lehrer kann einen Schüler, der gerade zu stören beginnt, in besonderer Weise am Unterricht beteiligen. Er kann etwa eine einfache Sachfrage an ihn richten, um dadurch sein abweichendes Vorhaben abzubrechen. Natürlich stellen Lehrer in solchen Situationen häufig Fragen, aber nicht, um den Schüler von seinem Vorhaben abzulenken, sondern um ihn hereinzulegen und gewissermaßen bis auf die Knochen zu blamieren. Damit aber hat der Lehrer nicht dem Schüler geholfen, sondern er hat lediglich die Chance genutzt, seine Überlegenheit auszuspielen und durch das schadenfrohe Gelächter der Mitschüler sein Geltungsbedürfnis zu befriedigen. Der Betroffene hingegen wird dadurch innerlich keineswegs zur Mitarbeit bekehrt. Anders bei einer einfach zu beantwortenden Ablenkungsfrage; hier wird der Störversuch übergangen, dem Schüler wird eine gangbare Brücke geschlagen, auf der er zum Normalverhalten zurückkehren kann. Dies ist eine erzieherisch produktive und keine destruktive Lösung. Das positive Verhältnis zwischen Lehrer und Schüler wird nicht zerstört. Der Betroffene selbst wird in der Regel verstehen, daß sein Lehrer, den er kennt, nicht aus Naivität oder übermäßiger Sanftheit eine einfache Frage gestellt hat, sondern aus Fairneß und mit der Absicht, ihn auf diese Weise wieder für die Mitarbeit im Unterricht zu gewinnen.

Unter der Voraussetzung, daß Kinder und Jugendliche schulische Verhaltensnormen grundsätzlich akzeptiert und bereits teilweise verinnerlicht haben, wurde dafür plädiert, daß solche Normen bei vorliegendem Fehlverhalten in Erinnerung gebracht werden. Dies kann auch durch Appelle mit einsehbaren Argumenten geschehen. Appelle können sich schwerpunktmäßig entweder an den Realitätssinn des Schülers oder auch an sein Gewissen richten. Wo die sonst durchaus vorhandene Einsicht nur durch Umwelt- und Situationsreize vorübergehend außer Kraft gesetzt wurde, bleiben solche Appelle nicht wirkungslos.

Es ist kein überflüssiges Gerede, sondern ein Appell an den momentan verlorengegangenen Realitätssinn, wenn der Lehrer argumentierend darauf hinweist, weshalb etwa im Klassenzimmer nicht Ball gespielt oder gerauft werden darf. Der Sinn für psychische Realitäten wird angesprochen, wenn der Lehrer z. B. erklärt, daß ungefragtes Dazwischenrufen nicht erwünscht ist, weil dadurch Mitschüler gehindert werden, sich eigene Gedanken zu machen und die Antwort selbst zu finden. In ähnlicher Form kann an das Gewissen appelliert werden, wenn sich Schüler gegen Mitschüler aggressiv verhalten oder ihnen ihre Hilfe verweigern.

Der Appell an die innere Kontrollinstanz des Gewissens dürfte auch dann sinnvoll sein, wenn sehr massive Formen abweichenden Verhaltens vorliegen. An früherer Stelle wurde gesagt, daß gerade diejenigen Störaktionen für den Lehrer am meisten entnervend sind, die mit voller Absicht gegen seine Person unternommen werden, bei denen aber der Urheber der Aggression anonym bleibt, bei denen sich der Angreifer nicht ausfindig machen läßt. Die volle Disziplin läßt sich hier mit Appellen gewiß nicht herstellen; mit dem Appell an die Fairneß kann aber unter Umständen wenigstens die Anonymität, das Heimtückische an solchen Störaktionen, reduziert werden. Der Appell an die Fairneß dürfte im übrigen auch der einzige Ausweg für den Lehrer sein, sein Gesicht zu wahren; denn es wäre ebenso falsch, gar nichts zu unternehmen, sich resignierend fertigmachen zu lassen, wie zu ungerechten

Kollektivstrafen zu greifen. Ein Ausweg könnte vielleicht so aussehen: „Meine Herren, den Lehrer zu ärgern, ist an sich normal, ihn aber so zu ärgern, daß er sich nicht wehren kann, ist unfair. Wer den Lehrer offen ärgert, hat wenigstens Courage, wer es heimtückisch tut, hat keine". Viele Lehrer können diesen oder einen ähnlichen Ausweg in heiklen Situationen nicht finden, weil sie verständlicherweise zutiefst erregt und betroffen sind. Von daher erscheint es dringend erforderlich, daß sich der Lehrer *vorsorglich* ein Verhaltenskonzept auf rationaler Basis erarbeitet, in das er massive Konfliktfälle mit einbezieht. Treten dann schwierige Situationen tatsächlich ein, kann er auf eine vernünftige Strategie von Reaktionen und Formulierungen, die er bereits vorher entworfen hat, zurückgreifen.

Zu den häufigsten Lehrer-Reaktionen auf abweichendes Schülerverhalten gehören Tadel und Strafe. Unter welchen Bedingungen und Einschränkungen sich diese Praktiken als sinnvoll erweisen können, wurde bereits im vorausgegangenen Kapitel erörtert. Nur kurz sei noch einmal an die allgemeine Richtigkeit des Grundsatzes vom Vermeidungslernen erinnert, wonach unerwünschtes Verhalten reduziert wird, wenn der Erzieher für einen Nacheffekt sorgt, der vom Abweichler subjektiv als unangenehm erlebt wird. Voraussetzung für die erfolgreiche Anwendung dieses Grundsatzes aber ist, daß der von Tadel und Strafe Betroffene nicht permanent frustriert wird, daß Mißerfolgserlebnisse durch Erfolgserlebnisse aufgewogen werden, daß für Einsicht gesorgt wird und daß letztlich die positiven Lehrer-Schüler-Beziehungen nicht zerstört werden.

Für die Tätigkeit des Unterrichtens gibt es u. a. die bekannte methodische Forderung, sog. fruchtbare Momente zu erkennen und zu nutzen, und es gibt die didaktische Forderung, das Lebensbedeutsame zu thematisieren. Hier ist zu fragen: sind abweichendes Verhalten und sozialer Konflikt nicht sehr lebensbedeutsame und darstellenswerte Themen? Vor allem aber: sind bestimmte erziehungsschwierige Situationen im Unterricht nicht auch fruchtbare Momente, auf die in der Weise sinnvoll reagiert werden könnte, daß man sie aufgreift und zum Gegenstand von Gespräch und Diskussion erhebt? Es bieten sich an: Die Analyse der vorliegenden Konfliktfälle, die Frage nach ihren vielfältigen Bedingungen, nach ihren denkbaren Auswirkungen und den Möglichkeiten ihrer Austragung. Aber auch Vergleiche mit Konflikten aus anderen Lebensbereichen wären herzustellen, gemeinsame Strukturen und Zusammenhänge wären festzuhalten.

Das Aufgreifen vorgefundener Konfliktsituationen und ihre Erhebung zum Thema hätte eine mehrfache Funktion: Schüler würden lernen, die Bedingungen ihres Handelns und damit sich selbst besser zu verstehen, sich die Motive ihres Verhaltens bewußter zu machen und einsichtiger zu handeln. Sie würden unter Umständen auch lernen, die schwierige Lage des Lehrers zu begreifen, der ja bekanntlich viele und teilweise widerspruchsvolle Rollenerwartungen von seiten verschiedener Interessengruppen zu verarbeiten hat und deshalb den Einzelbedürfnissen von Schülern nicht immer gerecht werden kann. Es würde sich hier auch die Gelegenheit bieten, mit Schülern zusammen vernünftige Verhaltensregeln zu erarbeiten und zu vereinbaren. Aber auch der Lehrer selbst hätte aus dem Austausch von Argumenten zu lernen. Er käme in die Lage, manche Schüler besser zu verstehen, er würde auch erfahren, was er möglicherweise in Zukunft besser machen könnte. Abweichendes Schülerverhalten erhielte auf diese Weise eine das Lehrerverhalten korrigierende Funktion.

Folgendes ist festzuhalten: Mit der Thematisierung des Disziplinkonflikts ist zunächst eine günstige Reaktionsmöglichkeit auf besonders erziehungsschwierige Situationen gegeben. Neben ihrem Wert für die Bewältigung eines momentanen Problems ist diese Möglichkeit aber auch im Hinblick auf künftiges Schülerverhalten von prophylaktischer Bedeutung; und schließlich wird darüber hinaus auch ein bildungsrelevanter Inhalt an die Schüler vermittelt, der allzu häufig unbeachtet bleibt.

Neben dem Gespräch mit der Klasse ist besonders die Möglichkeit des Gesprächs unter vier Augen erfolgversprechend. Eine solche Aussprache erweist sich auch nach sehr massiven Disziplinverstößen als fruchtbar und wird von Schülern selbst als eine der fairsten und wirksamsten Disziplinierungsmethoden angesehen (N. Cutts u. N. Moseley, 1957, S. 18 f.). Lehrer aber bemühen sich nur sehr selten um individuelle Gespräche, in denen abweichendes Verhalten sachlich zu analysieren versucht wird; schon häufiger sind jene außerunterrichtlichen Auseinandersetzungen, die den Charakter einer Standpauke oder eines Verhörs mit anschließender Aburteilung tragen.

Was bereits an früherer Stelle generell über die Herstellung und Pflege positiver Lehrer-Schüler-Beziehungen ausgeführt wurde, muß auch und besonders bei der Aussprache mit einem erziehungsschwierigen Schüler im Vordergrund stehen. Man erinnere sich an das Phänomen der reziproken Affekte, an die Auswirkungen emotionaler Wärme und prinzipieller Wertschätzung sowie an die Auswirkungen eines sprachlich ausgedrückten Verständnisses, wenn man einen Störenfried zu einem Gespräch unter vier Augen bittet. Die gewünschte positive Beeinflussung gelingt nicht, wenn nicht zuvor eine freundliche Beziehung hergestellt worden ist (R. Dreikurs, 1967, S. 70). Gewiß wird es dem Lehrer sehr schwer fallen, die Rolle des Angegriffenen und Geschädigten abzulegen, auch wenn ihm dies aus erziehungsmethodischen Gründen vernünftig erscheint. Noch schwerer mag es für ihn sein, sich mehr als eine nur vorgespielte Freundlichkeit abzuringen. Der zeitliche Abstand, der in der Regel zwischen Vorfall und Aussprache liegt, sollte ihm aber doch ermöglichen, einen entsprechenden Rollenwechsel zu vollziehen: von der Rolle des frustrierten Opfers zur Rolle dessen, der ein sachliches und konstruktives Gespräch zu leiten imstande ist.

Versuchen wir einmal, ein solches Gespräch modellhaft zu skizzieren. Eine gewisse Distanz zum Geschehen wird bereits durch Äußerlichkeiten hergestellt: Zeit ist verstrichen, das soziale Bestätigungsfeld der Klasse ist nicht mehr vorhanden, man befindet sich nicht mehr in demselben Raum, Unterricht findet nicht statt; beide, Lehrer und Schüler, üben die für sie im Unterricht vorgesehenen Rollen nicht mehr aus und können über sie reflektieren und sprechen. Diese Situation bietet zweifellos Chancen zur Auflockerung der verhärteten Fronten. Für die Eröffnung eines Gesprächs mag die kurze Erwähnung schulischer und außerschulischer Belanglosigkeiten hilfreich sein. Das Bemühen um Distanz und Rollenwechsel sollte aber auch ausdrücklich verbalisiert werden, etwa so: „Also Hans, wir haben jetzt Zeit und auch etwas Abstand und wir sollten einmal in Ruhe miteinander sprechen. Du bist für mich ein großes Problem. Umgekehrt, das ist mir auch klar, ist für dich die Schule und der Lehrer ein Problem. Große Schwierigkeiten kann man nicht durch Reden aus der Welt schaffen, aber vielleicht wird es etwas leichter, wenn wir voneinander mehr wissen, wenn wir uns miteinander unterhalten."

Ungekünstelte Sprache und ungekünsteltes Verhalten müssen — so schwer dies sein mag — vorausgesetzt werden, denn der Eindruck von Unnatürlichkeit könnte das ohnehin vorhandene Mißtrauen noch erhöhen. Gelingt aber dieser Gesprächseinstieg, so wird der Schüler überrascht sein von der Sachlichkeit des Lehrers und von der ihm zuteil gewordenen Wertschätzung, die sich darin ausdrückt, daß ihn der Lehrer aus der Rolle des Delinquenten wenigstens vorläufig herausgenommen hat.

Im weiteren Verlauf des Gesprächs versucht der Lehrer, das Fehlverhalten des Schülers zu interpretieren. Er erwähnt Fakten und Daten, die möglicherweise zu bestimmten Einstellungen, Gefühlen und Motiven geführt haben, aus denen wiederum bestimmte Formen unerwünschten Verhaltens erklärbar werden. Auch die Tatsache der subjektiven Befriedigung, die aus abweichendem Verhalten resultiert, wird vom Gesprächsleiter verbal vergegenwärtigt.

Dieses Suchen nach psychologischen Erklärungen wird vom Schüler nicht nur als Ausdruck von Verständnis, sondern auch als Ausdruck von Achtung empfunden; denn wer einen anderen ausdrücklich zu verstehen versucht, achtet ihn auch. Darüber hinaus werden dem Abweichler selbst eigene Motive und Verhaltensweisen bewußter und durchschaubarer gemacht. Ebenso erforderlich ist es aber auch, dem Schüler die schwierige Lage zu vergegenwärtigen, in der sich ein Lehrer generell bzw. in besonders ungünstigen Fällen befindet. Es soll erreicht werden, daß auch dem Lehrer ein gewisses Maß an Verständnis entgegengebracht wird, z. B. was die kontroversen Rollenerwartungen betrifft, die von verschiedenen Seiten der Gesellschaft, aber auch schon von verschiedenen Schülern an den Lehrer herangetragen werden, Verständnis aber vor allem für seine geradezu chancenlose und verzweifelte Lage, in die er bisweilen durch gezielte Störaktionen gebracht wird, für seine Gefühle, seine Absichten und Reaktionen. Wenn es gelingt, in einer solchen Aussprache neues Verständis aufzubauen, dann wird dies künftig nicht ohne Auswirkung auf Rücksicht und Fairneß von seiten des Angesprochenen bleiben.

Es liegt auf der Hand, daß in einem derartigen Gespräch der Schüler auch ermutigt werden sollte, Kritik am Lehrerverhalten zu üben und Verbesserungsvorschläge zu machen. Möglicherweise ist der Schüler dabei überfordert und hat am Lehrerverhalten nichts auszusetzen. Vielleicht fühlt er sich sogar verpflichtet, auf seine alleinige Schuld hinzuweisen und Besserung zu versprechen. Dies kann sehr voreilig sein. Der Lehrer sollte sich deshalb hüten, von derartigen Gesprächen einen totalen Bekehrungserfolg zu erwarten. Ein Erfolg wäre schon eine partielle und schrittweise Veränderung des Verhaltens, und darauf ist hinzuarbeiten. Vereinbarungen zwischen den beiden Gesprächspartnern sollten realistisch sein, d. h. sie sollten sich zunächst gezielt auf wenige und ganz konkrete Fehlverhaltensformen beziehen, bei denen auch Aussicht besteht, daß sie eingehalten werden können. Wo sich Teilerfolge abzeichnen, können auch diese einmal zum Anlaß für ein Gespräch genommen werden, in dem dann die Verbesserungen ausdrücklich anerkannt und neue Teilziele gesetzt werden.

Die Frage nach sinnvollen Lehrer-Reaktionen auf abweichendes Schülerverhalten ist eine berechtigte und bedeutsame Frage. Allerdings wird der hier unternommene Versuch ihrer Beantwortung in gewisser Weise unbefriedigend bleiben. Unterrichtspraktiker, die sich mit Disziplinkonflikten tagtäglich auseinanderzusetzen haben, werden dieses Unbehagen am stärksten empfinden. Von ihnen aber sollte klar gesehen werden, daß auch die besten Antworten auf die Frage: „Was tue ich, wenn . . .?" nur einen sehr bescheidenen Beitrag zur Problemlösung leisten, weil das Lehrerverhalten während und nach Disziplinverstößen immer nur *eine* von zahlreichen Ausgangsbedingungen für künftiges Schülerverhalten darstellt. Den Wert einer Lehrer-Reaktion wird man zwar nach dieser prophylaktischen Funktion zu bemessen haben, wenn man aber der Gefahr des Herumkurierens an Symptomen entgehen will, wird man gleichzeitig erkennen müssen, daß Vorbeugemaßnahmen auf breitester Basis zu treffen sind. Eine effektive Prophylaxe hat bei all jenen zahlreichen Bedingungen für abweichendes Verhalten anzusetzen, die im Verlauf dieses Beitrags angesprochen wurden. Der Lehrer selbst kann dazu einiges beitragen. Wenn jedoch eine Reform von Schule und Lehrerbildung nicht Bedingungen institutionalisiert, die es erlauben, auch schon potentielle Schulversager und Abweichler zu betreuen und zu fördern, wenn man einer Erziehung der Schulverdrossenen und Schwierigen weiterhin eine an die Wurzeln reichende organisatorische Unterstützung versagt, wird sich am status quo der Verhältnisse nur wenig ändern.

LITERATUR

Adler, A.: Über den nervösen Charakter. Frankfurt/M. 1972

Adorno, Th. W.: Tabus über dem Lehrerberuf. In: Neue Sammlung. 1965, S. 487 ff.

Aichhorn, A.: Verwahrloste Jugend. Die Psychoanalyse in der Fürsorgeerziehung. Bern/Stuttgart 1957[4] (1925)

Bandura, A., Walters R. H.: Social learning and personality development. New York 1963

Becker, W. C., Madsen Ch. H., Arnold C. R., Thomas D. R.: The contingent use of teacher attention and praise in reducing classroom behavior problems. In: The Journal of Special Education. 1967, Vol. 1, S. 287 ff.

Belschner, W.: Das Lernen aggressiven Verhaltens. In: Selg, H. (Hrsg.), 1971

Bernstein, B.: Studien zur sprachlichen Sozialisation. Düsseldorf 1972

Blickpunkt Schulbuch. Zeitschrift für moderne Unterrichtsmedien. 1972, Heft 14

Böhm, J.: Die Lehre von der Schuldisziplin. Pädagogische Studien. Hrsg. v. W. Rein. Heft 17. Eisenach 1877

Caesar, B.: Autorität in der Familie. Ein Beitrag zum Problem schichtenspezifischer Sozialisation. Reinbek bei Hamburg 1972

Clarizio, H. F.: Toward positive classroom discipline. New York/London/Sydney/Toronto 1971

Cloward, R.A.: Illegitimate means, anomie and deviant behavior. In: American Sociological Review. 1959, S. 164 ff.

Cohen, A. K.: Kriminelle Jugend. Zur Soziologie des jugendlichen Bandenwesens. Reinbek bei Hamburg 1961

Cohen, A. K.: Abweichung und Kontrolle. Grundfragen der Soziologie. Hrsg. v. D. Claessens. München 1970[2]

Combe, A.: Kritik der Lehrerrolle. Gesellschaftliche Voraussetzungen und soziale Folgen des Lehrerbewußtseins. München 1971

Correll, W.: Lernpsychologie. Grundfragen und pädagogische Konsequenzen. Donauwörth 1964[3]

Cutts, N. u. N. Moseley: Teaching the disorderly pupil. New York 1957

Dann, H.-D.: Müssen Aggressionen ausgelebt werden? In: Schmidt-Mummendey, A., Schmidt H.-D. 1971, S. 59 ff.

Dollard, J., Doob L. W., Miller N. E., Mowrer O. H., Sears R. S.: Frustration und Aggression. Weinheim/Berlin/Basel 1970

Dreikurs, R.: Psychologie im Klassenzimmer. Stuttgart 1967

Dreitzel, H.P.: Die gesellschaftlichen Leiden und das Leiden an der Gesellschaft. Göttinger Abhandlungen zur Soziologie. 14. Band. Stuttgart 1968

Eibl-Eibesfeldt, I.: Liebe und Haß. Zur Naturgeschichte elementarer Verhaltensweisen. München 1970

Fokken, E.: Die Leistungsmotivation nach Erfolg und Mißerfolg in der Schule. Hannover/Berlin/Darmstadt/Dortmund 1966

Freud, A.: Das Ich u. die Abwehrmechanismen. München 1964

Freud, S.: Gesammelte Werke. Chronologisch geordnet. Bände 1—XVIII. Hrsg. v. A. Freud. Frankfurt/M.

Gagné, R. M.: Die Bedingungen des menschlichen Lernens. Hannover 1969

Gehlen, A.: Die Seele im technischen Zeitalter. Sozialpsychologische Probleme in der industriellen Gesellschaft. Reinbek bei Hamburg 1957

Geißler, E. E.: Erziehungsmittel. Bad Heilbrunn 1967

Grauer, G.: Leitbilder und Erziehungspraktiken. In: Familienerziehung, Sozialschicht und Schulerfolg. b : e tabu Nr. 24. Weinheim/Berlin/Basel 1971

Hagemeister, U.: Die Schuldisziplin. Weinheim 1968

Halbfas, H.: Religionsunterricht „als ordentliches Lehrfach". In: Aktuelle Schulprobleme. Hrsg. v. Th. Dietrich u. F.-J. Kaiser. Bad Heilbrunn 1970

Haseloff, O. W., E. Jorswieck: Psychologie des Lernens. Methoden, Ergebnisse, Anwendungen. Berlin 1970

Heckel, H.: Pädagogische Freiheit und Schulaufsicht. In: Der Lehrer und Erzieher. Hrsg. B. Gerner. Bad Heilbrunn 1969

Hentig, H. v.: Systemzwang und Selbstbestimmung. Stuttgart 1968

Herbart, J. F.: Allgemeine Pädagogik aus dem Zweck der Erziehung abgeleitet. Hrsg. v. H. Holstein. Bochum 1965

Hilgard, E. R. u. G. H. Bower: Theorien des Lernens I und II. Stuttgart 1971

Höhn, E.: Der schlechte Schüler. Sozialpsychologische Untersuchungen über das Bild des Schulversagers. München 1967

Horney, W., Müller H. A.: Schule u. Disziplin. Gütersloh 1964

Kehr, C.: Die Praxis der Volksschule. Ein Wegweiser zur Führung einer geregelten Schuldisziplin und zur Erteilung eines methodischen Schulunterrichts für Volksschullehrer und für solche, die es werden wollen. Gotha 1885[10]

Kümmel, F.: Die Einsicht in das Gute als Aufgabe einer sittlichen Erziehung. neue pädagogische bemühungen. Hrsg. v. W. Loch u. J. Muth, Bd. 37. Essen 1968

Lewin, K., Dembo T., Festinger L., Sears P. S.: Level of aspiration. In: Hunt, J. (ed.): Personality and the behavior disorders. New York 1944

Lichtenstein-Rother, I. (Hrsg.): Schulleistung und Leistungsschule. Bad Heilbrunn 1971

Lorenz, K.: Über tierisches und menschliches Verhalten. Aus dem Werdegang der Verhaltenslehre. Gesammelte Abhandlungen, Band I und II. München 1965

Lorenz, K.: Das sogenannte Böse. Zur Naturgeschichte der Aggression. Wien 1970[25] (1963)

Madsen, Ch. H., Becker W. C., Thomas D. R., Koser L., Plager E.: An analysis of the reinforcing function of „Sit-Down" commands. In: Parker, R. K. (ed.): Readings in Educational Psychology. Boston 1969

Maier, K. E. (Hrsg.): Die Schule in der Literatur. Bad Heilbrunn 1972

Merton, R. K.: Social Theorie and Social Structure. Glencoe, Ill., 1957

Merz, F.: Aggression und Aggressionstrieb. In: Handbuch der Psychologie, 2. Band (Hrsg. H. Thomae). Göttingen 1965

Oevermann, U.: Schichtenspezifische Formen des Sprachverhaltens und ihr Einfluß auf die kognitiven Prozesse. In: Roth, H. (Hrsg.): Begabung und Lernen. Stuttgart 1969

Opp, K.-D.: Kriminalität und Gesellschaftsstruktur. Eine kritische Analyse soziologischer Theorien abweichenden Verhaltens. Neuwied/Berlin 1968

Ortner, R.: Grundschule und Klassenfrequenz im Schuljahr 1970/71. In: Bayerische Schule. 1971, Heft 19, S. 414 ff.

Oswald, A., Raue S.: Aggressionsforschung bei Vorschulkindern. Theorien und empirische Ergebnisse. Münsterische Beiträge zu pädagogischen Zeitfragen. Heft 24. Münster 1971 (nicht im Buchhandel)

Pestalozzi, J. H.: Kleine Schriften zur Volkserziehung und Menschenbildung. Hrsg. Th. Dietrich. Bad Heilbrunn 1962[2]

Portmann, A.: Zoologie und das neue Bild des Menschen. Reinbek bei Hamburg 1956

Posch, P.: Der Lehrermangel. Ausmaß und Möglichkeiten der Behebung. Weinheim/Berlin 1967

Reble, A. (Hrsg.): Das Strafproblem in Beispielen. Bad Heilbrunn 1968[2]

Roeder, P.-M.: Sprache, Sozialstatus und Schulerfolg. In: Familienerziehung, Sozialschicht und Schulerfolg. b : e tabu Nr. 24 Weinheim/Berlin/Basel 1971

Röhrs, H. (Hrsg.): Die Disziplin in ihrem Verhältnis zu Lohn und Strafe. Frankfurt/M. 1968

Rolff, H.-G.: Sozialisation und Auslese durch die Schule. Gesellschaft und Erziehung (Hrsg. C.-L. Furck, D. Goldschmidt u. I. Röbbelen). Teil VII, Heidelberg 1972[5]

Roth, H.: Pädagogische Psychologie des Lehrens und Lernens. Hannover 1965[8]

Salisbury, H. E.: Die zerrüttete Generation. Reinbek bei Hamburg 1962

Schuh, E.: Der Volksschullehrer. Störfaktoren im Berufsleben und ihre Rückwirkung auf die Einstellung im Beruf. Hannover 1962

Schmidhäuser, E.: Vom Sinn der Strafe. Göttingen 1963

Schmidt-Mummendey, A., Schmidt H. D.: Aggressives Verhalten. Neue Ergebnisse der psychologischen Forschung. München 1971

Selg, H. (Hrsg.): Zur Aggression verdammt? Stuttgart/Berlin/Köln/Mainz 1971

Singer, K.: Zwangsneurose der Schule. In: Der Junglehrer. 1972, S. 158 ff.

Sixtl, F. u. Korte W.: Der lerntheoretische Ansatz in der Sozialpsychologie. In: Handbuch der Psychologie. Bd. 7, 1. Halbbd. (Hrsg. v. C. F. Graumann). Göttingen 1969

Smith, L. M. u. Hudgins B. B.: Pädagogische Psychologie. Bd. 1 und 2. Stuttgart 1971/1972

Stemme, F.: Pädagogische Psychologie. Sozialpsychologische und therapeutische Aspekte. Bad Heilbrunn 1970

Tausch, A.: Besondere Erziehungssssituationen des praktischen Schulunterrichts. Häufigkeit, Veranlassung und Art ihrer Lösungen durch Lehrer; eine empirische Untersuchung. In: Zeitschrift für experim. u. angew. Psychologie. 1958, S. 657 ff.

Tausch, R.: Das Ausmaß der Lenkung von Schulkindern im Unterricht; eine empirische Untersuchung der Fragen, Befehle und Aufforderungen von Lehrern. In: Psychologische Beiträge. 1960, S. 127 ff.

Tausch, R.: Merkmalsbeziehungen und psychologische Vorgänge in der Sprachkommunikation des Unterrichts. In: Zeitschrift f. experim. u. angew. Psychologie. 1962, S. 474 ff.

Tausch, R., Tausch A.: Erziehungspsychologie. Psychologische Prozesse in Erziehung und Unterrichtung. Göttingen 1971[6]

Toman, W.: Motivation, Persönlichkeit, Umwelt. Göttingen 1968

Unterbrochene Schulstunde. Schriftsteller und Schule. Eine Anthologie. Zusammengestellt von V. Michels. Frankfurt/M. 1972

Weber, E.: Erziehungsstile. Donauwörth 1972[3]

Weber, M.: Die Disziplinierung und die Versachlichung der Herrschaftsformen. In: Röhrs, H. (Hrsg.), 1968

Wigand, W.: Haltungsschaden, Schulsonderturnen und Schulmöbel. Hrsg. unter der Schirmherrschaft des Landesvereins für Volksgesundheitspflege Niedersachsen e. V., (ca. 1968)

110

SACHREGISTER